Christoph Krampe

Römische Privatrechtsfälle

PAIS-Verlag
Oberried bei Freiburg im Breisgau

Bibliografische Information der Deutschen Nationalbibliothek

Die Deutsche Nationalbibliothek verzeichnet diese Publikation in der Deutschen Nationalbibliografie; detaillierte bibliografische Daten sind im Internet über http://dnb.d-nb.de abrufbar.

ISBN 978-3-931992-48-4

PAIS-Verlag

Hauptstr. 49 • 79254 Oberried

Umschlaggestaltung: Anton Schaffer
Lektorat und Layouting: Monika Huppertz

Printed in Germany.

Meinem Lehrer Joseph Georg Wolf

Römische Privatrechtsfälle

Widmung

Ich widme diese Fallsammlung meinem Lehrer Joseph Georg Wolf (*1930 in Düsseldorf †2017 in Freiburg i. Br.).

Joseph Georg Wolf war Schüler von Franz Wieacker (1908-1994) in Göttingen. Dieser wiederum war Schüler von Fritz Pringsheim, der den Lehrstuhl für Römisches Recht und Bürgerliches Recht in Freiburg innehatte.

Joseph Georg Wolf wurde 1964 aus Göttingen nach Freiburg als Nachfolger von Fritz Pringsheim (1882-1967) auf dessen Lehrstuhl berufen.

Einleitung

Grundlagen des antiken römischen Rechts für Studierende zeigen sich im praktischen Einzelfall. Die Sammlung ist nicht nur für Studierende der Rechtswissenschaft geeignet, sondern für alle, die Näheres zur antiken römischen Rechtspraxis wissen möchten.

A. Die Antwort des konsultierten Juristen

Fall 1: Tabernarius-Fall
Der bestohlene Schankwirt schlägt zurück

Der aus den Digesten des republikanischen Servius-Schülers Alfenus entnommene *tabernarius*-Fall lässt in seiner Antwort (r*esponsum*) die Gutachtentechnik des Juristen erkennen.

I. Text und Übersetzung

Alfenus libro secundo digestorum D.9,2,52,1 Tabernarius in semita noctu lapidem lucernam posuerat: quidam praeteriens eam sustulerat: tabernarius eum consecutus lucernam reposcebat et fugientem retinebat: ille flagello, quod in manu habedat, in quo dolor inerat, verberare tabernarium coeperat, ut se mitteret: ex eo maiore rixa facta tabernarius ei, qui lucernam sustulerat, oculum effoderat: consulebat, num damnum iniuria non videtur dedisse, quoniam prior flagello percussus esset. respondi, nisi data opera effodisset oculum, non videri damnum iniuria fecisse. Culpa enim penes eum, qui prior flagello percussit, residere: sed si ab eo non prior vapulasset, sed cum ei lucernam eripere vellet, rixatus esset, tabernarii culpa factum videri.

Ein Schankwirt hatte an einem Fußweg nachts eine Laterne auf die Steintheke gestellt. Ein Passant hatte sie weggenommen. Der Wirt folgte ihm, forderte die Laterne zurück und hielt ihn, als er fliehen wollte, fest. Jener hatte begonnen, mit einer Peitsche, die er in der Hand hatte und in der sich ein Eisenstachel befand, den Wirt zu schlagen, damit er ihn losließe. In dem daraus entstehenden größeren Handgemenge hatte der Wirt dem Laternendieb ein Auge ausgeschlagen. Der Wirt bat um Rechtsauskunft, ob nicht anzunehmen sei, dass er den Schaden nicht widerrechtlich zugefügt habe, zumal er als erster mit der Peitsche geschlagen worden sei. Ich habe geantwortet, die Schädigung werde, wenn er das Auge nicht absichtlich ausgeschlagen habe, nicht als widerrechtlich angesehen. Denn das Verschulden bleibe bei dem, der als erster mit der Peitsche zugeschlagen hat. Wenn aber der Wirt nicht als erster von dem Dieb Prügel bekommen, sondern bereits zugeschlagen hätte, als er ihm die Laterne entreißen wollte, so werde dies als schuldhaftes Verhalten des Wirts angesehen.

II. Sachverhalt, Quaestio, Responsum

1. Sachverhalt

Im Umgang mit der Sachverhaltsungewissheit zeigt der *iurisconsultus* seine Gutachtentechnik. Der Sachverhalt wird anschaulich und detailgenau wiedergegeben, ist aber im Einzelnen ungeklärt. Der vom *tabernarius* schwer verletzte Laternendieb wird zunächst als *quidam praeteriens*, sodann als *ille* und schließlich als *qui lucernam sustulerat* bezeichnet. Diese Umschreibungen lassen offen, ob es sich um einen Sklaven handelt oder um einen freien Bürger. Dennoch wird überwiegend für Alfenus unterstellt, dass der Jurist einen Sklaven voraussetzt, auch wenn dies nicht ausdrücklich mitgeteilt wird. Denn die Quaestio *num damnum iniuria non videtur dedisse* ziele auf das *damnum iniuria datum* im Sinne der *lex Aquilia*. Gewiss ist eine entsprechende Anwendung dieser *lex* im Falle eines verletzten Freien im Rahmen einer *actio legis Aquiliae utilis* für die Zeit der späten Republik auszuschließen. Dennoch bleibt die Frage, ob der Verletzte ein Sklave oder ein Freier, war offen. Dass der Text schon in den Digesten Alfens unter der Rubrik „ad legem Aquiliam" steht, führt ebenso wenig zu einem anderen Schluss wie der Kontext des Fragments. Anders als in unserem § 1 werden in D.9,2,52 pr. Opfer (*servus)* und *actio* klar benannt: *de iniuria occiso*. In § 2 heißt es *lege Aquilia agi posse*. Paragraph 3 erwähnt wieder einen Sklaven, und im Fall von Paragraph 4 wird gefragt, *an dominus servuli lege Aquilia ... agere potest*. Nur im *tabernarius*-Fall fehlt eine solche Klarstellung. Daher bleibt es bei dem Befund, dass Alfenus hier den Status des Verletzten weder in der einen noch in der anderen Richtung als feststehend unterstellt. Ob jemand *liber* oder *servus* war, ließ sich äußerlich nicht sogleich erkennen. So dürfte auch der Konsulent nach der nächtlichen Schlägerei kaum in der Lage gewesen sein anzugeben, ob das Opfer *sui* oder *alieni iuris* ist. Indessen konnte der *iurisconsultus* die Status-Frage in seinem allein auf die *iniuria*-Frage bezogenen *responsum* dahingestellt lassen. So ist die Sachverhaltsschilderung insoweit zwar offen, zur Beantwortung der gestellten Rechtsfrage aber vollständig. Denn für die Frage, ob der Wirt dem Dieb das Auge widerrechtlich ausgeschlagen hat, ist der Status des Opfers unerheblich. Die *iniuria*-Frage stellt sich nämlich nicht nur bei einem Sklaven, sondern auch im Falle eines Freien, und zwar im Rahmen der für das Ausschlagen eines Auges in spätrepublikanischer Zeit zuständigen *iniuria*-Klage. Daher entspricht dem für die Statusfrage offenen *quidam* der Sachverhaltsschilderung die in der Quästio offengelassene *actio*.

2. Quaestio

Anders verhält es sich bei den ebenfalls offenen Sachverhaltsfragen, ob der Dieb oder der *tabernarius* als erster (*prior*) gewalttätig geworden ist und ob der Wirt dem Dieb das Auge absichtlich ausgeschlagen hat oder nicht. Dass Alfenus letzteres als streitig voraussetzt, macht er zu Beginn des *responsum* deutlich: *Nisi data opera effodisset oculum*. Dem entspricht es, dass der Jurist in der Sachverhaltsschilderung weder die fehlende noch die vorhandene Absicht des *tabernarius* erwähnt. Insoweit anders verhält es sich mit dem Beginn der Schlägerei. Wenn in der Quaestio gefragt wird, ob der Schaden als nicht widerrechtlich zugefügt anzusehen sei, weil er ja zuvor mit der Peitsche geschlagen worden sei (*quoniam prior flagello percussus esset*), so handelt es sich um den vom Konsulenten vorgetragenen zeitlichen Geschehensablauf, also die relevante, aber als streitig vorausgesetzte Parteibehauptung des *tabernarius*, er sei zuerst geschlagen worden. Zwar heißt es in der Sachverhaltsschilderung vom Laternendieb, dass er begonnen hatte, den Wirt mit der Peitsche zu schlagen (*flagello ... verberare tabernarium coeperat*). Doch im Lichte von Quaestio und Responsum meint *coeperat* nicht *prior coeperat* im Verhältnis zum *tabernarius*. Er beschreibt vielmehr allein das Verhalten des Diebes und bringt zum Ausdruck, dass er das *verberare* noch nicht beendet hatte, als es zum katastrophalen Gegenschlag kam. Die Sachverhaltsschilderung dürfte insgesamt auf den Angaben des *tabernarius* beruhen. Wenn nun der Jurist die Aussage des Konsulenten, er sei als erster geschlagen worden, eigens als Parteibehauptung hervorhebt, so trägt diese sprachliche Fassung dem Umstand Rechnung, dass der Wirt eine Schadensersatzklage zu gewärtigen hat, bei welcher der Kläger gerade im Gegenteil vortragen wird, der *tabernarius* sei nach dem harmlosen Laternendiebstahl als erster ernsthaft gewalttätig geworden. Eine Klage auf der Grundlage des Beklagtenvortrags wäre lebensfremd. Deshalb geht auch das Rechtsgutachten davon aus, dass der vom Konsulenten befürchteten Klage das klägerische Vorbringen zugrunde gelegt wird, der *tabernarius* habe *prior* geschlagen. Demgemäß fasst Alfenus die Schilderung des Konsulenten eingangs zu einem für die Rechtsfrage relevanten, nach den Umständen feststehenden Sachverhalt zusammen und unterscheidet davon die streitige Parteibehauptung zur Prioritätsfrage.

3. Respondum

Da Alfenus diese *quaestio facti* unter der Voraussetzung für entscheidungserheblich hält, dass der *tabernarius* dem Dieb das Auge nicht absichtlich ausgeschlagen hat, gibt er sein Responsum zunächst auf der Grundlage der Angaben seines Konsulenten, legt dann aber auch den die erwartete *actio* stützenden gegenteiligen Klägervortrag zugrunde. Mithin besteht die Distinktio des Gutachtens nicht darin, dass ein feststehender Sachverhalt variiert wird, sondern darin, dass der Jurist ein für die *iniuria*-Frage relevantes, aber streitiges Sachverhaltselement entsprechend den gegensätzlichen Parteibehauptungen bald in der einen, bald in der anderen Version zugrunde legt. Die *distinctio* des *responsum* erweist sich damit als Alternativgutachten. Mit seinen *digesta* hat Alfenus gewiss auch didaktische Zwecke verfolgt. In seinem Werk erkennt man nicht nur den Schriftsteller, sondern auch den *iurisconsultus*. Der *tabernarius*-Fall vermittelt die Kunst, einem Konsulenten ein praktisches Rechtsgutachten zu erteilen.

Erstveröffentlichungen: Tabernarius consulebat, Alfenus respondit – in: Viva vox iuris Romani, Essays J.E. Spruit, Amsterdam 2002, S. 134 ff., beruhend auf einem Vortrag im Tagungshaus der Universität Kiel in Sehlendorf, 16.-18.02.2001; zum principium des Fragments: Alfenus D.9,2,52 pr.- ein Rechtsgutachten, Festschrift für Andreas Wacke zum 65. Geburtstag, hg. von Hans–Georg Knothe und Jürgen Kohler, München 2001, S. 247-250

Fall 2: Betten-Fall
Der Ädil zerschlägt gekaufte Betten

Im Digestentitel D.18,6 *de periculo et commodo rei venditae* sind zwei zusammen gehörende Paulus-Fragmente aus dessen *libri epitomarum Alfeni* überliefert. Der Spätklassiker Paulus (3. Jh.) gibt einen Auszug aus dem Werk des frühklassischen Servius-Schülers Alfenus wieder.

I. Text und Übersetzung

D.18,6,13 *Paulus libro tertio epitomarum* Lectos emptos aedilis, cum in via publica positi essent, concidit: si traditi essent emptori aut per eum stetisset quo minus traderentur, emptoris periculum esse placet.

Der Ädil hat gekaufte Betten, da sie auf öffentlichem Weg abgestellt waren, zusammenschlagen lassen. Wenn sie dem Käufer bereits übergeben waren oder es an ihm gelegen hat, dass sie nicht übergeben wurden, ist anerkannt, dass der Käufer die Gefahr trägt.

D.18,6,15 pr. *Paulus libro tertio epitomatorum* Quod si neque traditi essent neque emptor in mora fuisset quo minus traderentur, venditoris periculum erit.

Doch wenn die Betten nicht übergeben worden sind und der Käufer sich auch nicht im Annahmeverzug befand, so dass sie nicht übergeben wurden, wird der Verkäufer die Gefahr tragen.

Das dazwischen geschaltete Fragment D.18,6,14 unterbricht und ergänzt die von Alfenus stammende und von Paulus übernommene Unterscheidung. Dieser Text stammt aus Julians *libri ad Urseium Ferocem* und betrifft die aquilische Deliktshaftung des möglicherweise widerrechtlich handelnden Ädils, der die auf öffentlichem Weg abgestellten Betten hat zusammenschlagen lassen. Doch Alfens Unterscheidung bezieht sich allein auf das von den Kaufvertragsparteien zu tragende Zerstörungsrisiko (*periculum rei venditae*): Der Käufer trägt die Gefahr, wenn die Betten ihm bereits übergeben waren. Waren sie aber noch nicht übergeben und befand sich der Käufer auch nicht im Annahmeverzug, dann trägt der Verkäufer die Gefahr. Der Jurist unterscheidet demnach nicht zwei verschiedene Fälle, sondern einen ihm zur Begutachtung vorgelegten Streitfall mit noch zu klärenden fallrelevanten Sachverhaltselementen.

II. Periculum venditionis: Das responsum des Juristen

Die Rückführung der Bettenfall-Bruchstücke auf das Gutachten des Juristen zu einem praktischen Rechtsstreit vermag nichts daran zu ändern, dass der durch den Spätklassiker vermittelte Auszug aus dem Werk des Alfenus, das allgemeine Problem der Gefahrtragung beim Kauf, wohl auch mit didaktischer Zielsetzung vermittelt wird. Die differenzierende Lösung des Falles entspricht im Falle bereits erfolgter *traditio* der allgemeinen Regel *casum sentit dominus* und ohne *traditio* der kaufrechtlichen Regel *periculum est emptoris*. Der Verkäufer hat mit Abschluss des Kaufvertages (*emptio venditio*) die gleichsam treuhänderische Pflicht, die Kaufsache für den Käufer zu bewachen, mithin die noch nicht übergebenen, auf der Straße abgestellten Betten einer ordnungspolizeilichen Zerstörungsmaßnahme des Ädils auszusetzen, es sei denn dieses Abstellen entspräche einem vereinbarten Abholtermin.

III. Die Regel *periculum est emptoris* im modernen Zivilrecht

Dass der Sachverlust zu Lasten des Eigentümers geht, entspricht dem lateinischen Rechtssprichwort *casum sentit dominus*. Danach müsste im Falle eines käuflichen Erwerbs das Risiko der Zerstörung oder Beschädigung der Kaufsache mit Abschluss des Kaufvertrages der Käufer tragen, wenn er bereits durch diesen Vertrag Eigentümer geworden ist. So verhält es sich nach dem französischen Code civil von 1804 (Artt. 1138,1583) und dem italienischen Codice civile von 1942 (Artt. 1376, 1465 I). Nach klassischem römischen Recht begründet der Kaufvertrag (*emptio venditio*) die Verpflichtung zur Übergabe (*traditio*) der Kaufsache gegen Bezahlung des Kaufpreises. Das Schweizerische Obligationenrecht von 1883 verlangt zur Eigentumsübertragung die Übergabe der Kaufsache, weist aber das Zerstörungs- und Beschädigungsrisiko bereits mit Abschluss des Kaufvertrages auch ohne Sachübergabe dem Käufer zu (Art. 185 OR).

Erstveröffentlichungen: Aedilis lectos emptos concidit, Alfenus D.18.6.13,15, in: Fides humanitas Ius, Studi Luigi Labruna, Napoli 2007, p. 2695-2700; Periculum est emptoris, Festschrift Rolf Dietrich Herzberg, Tübingen 2008, S. 1023-1031.

Fall 3: Grundstückskauf mit Vermessungsklausel

Für die Vertragsinterpretation der republikanischen Jurisprudenz vermittelt die ausführliche Paulinische Epitome der Digesten Alfens ein anschauliches Beispiel:

I. D. 18,1,40 pr.: Text und Übersetzung

PAULUS libro quarto epitomarum Alfeni Digestorum Qui fundum vendebat, in lege ita dixerat, ut emptor in diebus triginta proximis fundum metiretur et de modo renuntiaret, et si ante eam diem non renuntiasset, ut venditoris fides soluta esset: emptor intra diem mensurae quo minorem modum esse credidit renuntiavit et pecuniam pro eo accepit: postea eum fundum vendidit et cum ipse emptori suo admetiretur, multo minorem modum agri quam putaverat invenit: quaerebat, an id quod minoris (Mommsen: *minor is*) esset consequi a suo venditore posset. respondit interesse, quemadmodum lex diceretur: nam si ita dictum esset, ut emptor diebus triginta proximis fundum metiatur et domino renuntiet, quanto modus agri minor sit, quo (Mo.: quod) post diem trigensimum renuntiasset, nihil ei profuturum: sed si ita pactum esset, ut emptor in diebus proximis fundum metiatur et de modo agri renuntiet, et si (Mo.: etsi) in diebus triginta renuntiasset minorem modum agri esse, quamvis multis post annis posse eum quo minoris (Mo.: minor is) modus agri fuisset repetere.

Der Verkäufer eines Grundstücks hatte in einer Kaufvertragsklausel (*lex venditionis*) bestimmt, dass der Käufer innerhalb der nächsten dreißig Tage das Grundstück vermessen und hinsichtlich der Größe Anzeige machen sollte, und dass, wenn er vor diesem Termin keine Anzeige gemacht habe, die Verkäuferpflicht erfüllt sei. Der Käufer hat innerhalb der Vermessungsfrist eine geringere Fläche in dem nach seiner Meinung gegebenen Umfang angezeigt und dafür den entsprechenden Geldbetrag erhalten. Später hat er dieses Grundstück verkauft, und als er es selbst seinem Käufer zumaß, hat er entdeckt, dass die Grundstücksfläche noch viel geringer war als angenommen. Er bat um Auskunft, ob er Erstattung des der Mindergröße entsprechenden Betrags von seinem Verkäufer erlangen könne. Alfenus - wohl auch dessen Lehrer *Servius* - hat das Gutachten erteilt, es komme darauf an, mit welcher Maßgabe die Klausel ausbedungen wurde. Denn wenn man bestimmt habe, der Käufer solle in den nächsten dreißig Tagen das Grundstück vermessen und dem Eigentümer anzeigen, um wie viel die Grundstücksfläche geringer sei, dann werde es ihm nichts nützen, soweit er die Anzeige nach dem dreißigsten Tag gemacht habe. Wenn die Vereinbarung aber dahin gegangen sei, dass der Käufer in den nächsten Tagen das Grundstück messen und hinsichtlich der Grundstücksfläche eine Anzeige machen solle, und wenn er innerhalb der Dreißig-Tage-Frist angezeigt habe, dass die Grundstücksfläche zu gering sei, dann könne er auch noch beliebig viele Jahre danach Erstattung des der geringeren Fläche entsprechenden Betrags verlangen.

Diese Übersetzung weicht von der neueren deutschen Übersetzung nicht nur im sprachlichen und sachlichen Detail, sondern auch gerade an der Stelle ab, wo es um ihr Grundverständnis geht. Aus der Sicht der Herausgeber dieser Übersetzung beginnt das Responsum wie folgt:

„Er hat das Gutachten erteilt, es komme darauf an, wie die Vertragsklausel laute. Denn wenn sie so formuliert gewesen sei" etc.

Es werden jedoch nicht zwei unterschiedliche Formulierungen unterschieden, sondern zwei Deutungsmöglichkeiten ein und derselben Vertragsklausel.

II. Sachverhalt, Quaestio, Responsum

Das für Alfens *digesta* charakterische Responsenschema bestimmt den Aufbau der Stelle: Sachverhalt, Quästio und Responsum.

1. Sachverhalt und Quaestio

Zu Beginn ist der Sachverhalt geschildert (*Qui fundum vendebat – invenit*). Es geht um die *venditio* eines *fundus* mit einer *lex dicta venditionis*. Vorausgesetzt wird ein Barkauf mit Identifizierung und Übergabe des Grundstücks sowie Zahlung des wohl nach *iugera* bemessenen Kaufpreises entsprechend der angenommenen, aber noch nicht durch Vermessung gesicherten Grundstücksgröße. Die *traditio* bei Vertragsabschluss wird durch die Vermessungs- und Anzeigefrist der *lex dicta* nahe gelegt, folgt aber auch aus dem *metiri* des *emptor* und dessen *admetiri* als *venditor*. Eine Manzipation hat nicht stattgefunden, heißt es doch, der Käufer solle dem Eigentümer Anzeige machen (*domino renuntiet*).

Der Käufer hat das Grundstück fristgerecht vermessen und dem Verkäufer eine geringere Grundstücksfläche in dem jetzt angenommenen Umfang angezeigt (*renuntiavit*). Daraufhin hat er einen dieser geringeren Größe entsprechenden Geldbetrag erhalten (*accepit*), sodann das Grundstück weiterveräußert und, nunmehr in der Rolle des Verkäufers, seinem Käufer zugemessen. Dabei hat er eine gegenüber der ersten Vermessung weit geringere Grundstücksfläche festgestellt.

Die im Indikativ geschriebene Schilderung des Geschehens (*vendebat, dixerat, renuntiativ, accepit, vendidit, invenit*) gibt den als feststehend vorausgesetzten, unstreitigen Sachverhalt wieder. Der Sachverhaltsschilderung folgt die *quaestio* des Käufers, ob er von seinem Verkäufer Erstattung eines weiteren, der Mindergröße entsprechenden Teils des Kaufpreises verlangen kann (*quaerebat, an id quod minoris esset consequi a suo venditore posset*). Gefragt wird nicht etwa nach der *actio de modo agri*, sondern nach der *actio empti*.

2. Das Responsum

Das Responsum des Alfenus, wohl genauer das von Alfenus wiedergegebene Responsum des Servius, besteht in einer ergebnisoffenen Distinktio, eingeleitet durch die Worte, es komme darauf an, mit welcher Maßgabe die Vertragsklausel gesprochen wurde (*respondit interesse, quemadmodum lex diceretur*). Eine Übersetzung, es komme darauf an, „wie die Vertragsklausel laute", ist unvereinbar mit der sogleich folgenden Distinktio, deren zweite Variante dem in der Sachverhaltsschilderung wiedergegebenen Wortlaut der Vertragsklausel entspricht. Es kann daher nicht darauf ankommen, wie die soeben wiedergegebene Klausel „lautet". Der Jurist gibt vielmehr ein differenzierendes Responsum entsprechend den unterschiedlichen Deutungsmöglichkeiten der *lex dicta*. Denn mit den Formulierungen, der Käufer soll „hinsichtlich der Grundstücksgröße Anzeige machen" (*ut de modo renuntiaret*) und „wenn er nicht anzeigt" (*si non renuntiaret*) wird nicht ausdrücklich gesagt, was angezeigt werden soll. Ohne Angabe des Gegenstands ist „*de modo renuntiaret*" daher interpretationsbedürftig. Wenn ein solcher Klauselinhalt in der Sachverhaltsschilderung wiedergegeben ist, so handelt es sich entweder um die wörtliche Wiedergabe der zwar unstreitig so gesprochenen, aber doppeldeutigen und in dieser Hinsicht streitigen *lex dicta* oder um die Wiedergabe des Sachverhalts mit einer die verschiedenen Parteibehauptungen überdeckenden allgemeinen und dementsprechend unklaren Formulierung. Das Responsum des Juristen bezieht sich daher auf eine *lex dicta venditionis ambigua*. Demgemäß enthält der Beginn der Stelle den für die *quaestio* relevanten, aber unvollständigen Sachverhalt: Inhalt und Bedeutung der *lex dicta* sind unklar und streitig.

Die Distinktio entspricht den beiden Deutungsmöglichkeiten. Zunächst (*si ita dictum esset – profuturum*) wird die für den Käufer ungünstige, danach (*sed si ita pactum esset – repetere*) die für ihn günstige Interpretation aufgezeigt. Ihm ungünstig ist es, den in der Klausel nicht eigens genannten Gegenstand der Anzeige hinzuzudenken, dass der Käufer innerhalb von dreißig Tagen anzeigen solle, um wie viel die Grundstücksfläche geringer ist als bei Vertragsschluss angenommen (*si ita dictum esset, ut emptor diebus triginta proximis fundum metiatur et domino renuntiet, quanto modus agri minor sit*). Dann nämlich werde ihm das nach Ablauf der Dreißig-Tage-Frist Angezeigte nichts nützen (*quo post diem trigensimum renuntiasset, nihil ei profuturum*). Dem Käufer günstig ist es hingegen, die Klausel beim Wort zu nehmen, sie also im Sinne einer allgemeinen Anzeigeobliegenheit ohne Angabe der Mindergröße zu interpretieren (*sed si ita pactum esset, ut emptor in diebus proximis fundum metiatur et de modo agri renuntiet*). In diesem Fall könnte er, wenn er fristgerecht eine Mindergröße angezeigt hat, auch noch viele Jahre später den der wirklichen Mindergröße entsprechenden Geldbetrag zurückfordern (*et si in diebus triginta renuntiasset minorem modum agri esse, quamvis multis post annis posse eum quo minoris modus agri fuisset repetere*).

Ein solches Verständnis der Distinktio entspricht nicht der bisherigen Auffassung, in unserer Stelle gehe es um zwei verschiedene Formulierungen einer *lex dicta venditionis*. Bereits *D. Gothofredus* spricht von einer zweifachen, der Distinktio entsprechenden Klausel, die als Vermessungsbedingung einem Kaufvertrag hinzugefügt werden kann (*venditioni duplex haec mensurandi conditio potest adici*). Unserem Ansatz ähnlich spricht neuestens *B. Biscotti* von einem „responso duplice e di non univoca interpretazione", erkennt dann aber, „che l'elemento rilevante per potere rispondere al quesito proposto, sta nel modo in cui è stata formulata la lex". Letzteres entspricht der heute gängigen Auffassung. Die in der zweiten Variante zwar unbestimmt formulierte Frist nimmt ersichtlich Bezug auf die Dreißig-Tage-Frist der Sachverhaltsschilderung. Nicht also die Frist, sondern das innerhalb der Frist Anzuzeigende bestimmt die Distinktio.

Allerdings beziehen die Autoren, die sich zuletzt mit dem Alfenus-Fragment auseinandergesetzt haben, nur die zweite Variante des Responsum auf den eingangs vorausgesetzten Sachverhalt, die erste jedoch auf einen davon abweichenden hypothetischen Fall. Doch schon aus sprachlichen Gründen ist ein solches Verständnis der Distinktio unhaltbar. Beide Varianten sind in indirekter, von *respondit* abhängiger Rede geschrieben, jeweils mit einer in den Infinitiv gesetzten Hauptaussage. Untergeordnet sind konjunktivische Konditionalsätze und weitere, die abhängige Rede fortsetzende Passagen im Infinitiv oder Konjunktiv. Es handelt sich zwar um „hypothetische" Aussagen, aber in der zweiten Variante nicht anders als in der ersten. Deshalb ist der Konjunktiv Plusquamperfekt des ersten Konditionalsatzes (*si ita dictum esset*) nicht etwa als Irrealis zu verstehen, sondern ebenso wie zu Beginn der zweiten Variante (*sed si ita pactum esset*) als Indefinitus oder Potentialis in Abhängigkeit von *respondit*. Es sind die beiden Auslegungsmöglichkeiten, die durch den auf den Sachverhalt und die Quästio bezogenen Satz, es komme darauf an, *quemadmodum lex diceretur*, angekündigt sind. Die These, das Responsum bestehe zunächst aus einer hypothetischen, didaktischen ersten Variante und erst danach aus einer auf den gegebenen Sachverhalt bezogenen Variante, beruht auf der irrigen Annahme, in letzterer werde mit den Worten *de modo agri renuntiet* einfach die Sachverhaltsangabe *de modo renuntiaret* wiederholt. Damit aber werden Sachverhalt und Responsum vermengt. Es ist jedoch zu unterscheiden: In der *narratio* ist die Passage als Inhalt der *lex dicta* wiedergegeben, im Responsum aber als eine vom Juristen für möglich gehaltene, nämlich diesem Wortlaut strikt folgende Auslegungsvariante. Dem entspricht es, dass die Klausel, als Bestandteil des Sachverhalts im Imperfekt zum Ausdruck gebracht (*ut de modo renuntiaret*), aber als Auslegungsvariante ins Präsens gesetzt ist (*renuntiet*). Die damals dem Kaufvertrag beigefügte *lex dicta* kann – hier und jetzt – als ‚*de modo renuntiet*' wörtlich interpretiert werden (2. Variante), kann aber auch ‚*renuntiet, quanto modus agri minor sit*' meinen (1. Variante).

III. Id quod actum est

Der Auslegungsmaßstab des konsultierten Juristen, *id quod actum est*, wird im weiteren Verlauf des Paulus-Alfenus-Fragments ausdrücklich hervorgehoben: *Respondit maxime referre, quid est actum*. Alfenus folgt seinem Lehrer Servius, von dem es in einer Labeo-Epitome des Javolen heißt: *scio Servium respondisse, primum sequendum esse quod appareret actum esse.* Auch in unserer Stelle wird auf das *pactum* Bezug genommen, also auf die Parteivereinbarung, welche die Auslegung der vom Verkäufer gesprochenen *lex dicta* bestimmt. Schon die *veteres* kennen zwar die Regel, eine *lex dicta* werde gegen den Verkäufer ausgelegt. Aber auf eine solche *interpretatio contra venditorem* nimmt das Responsum ebenso wenig Bezug wie auf einen *favor debitoris*. Alfenus zieht vielmehr sowohl eine verkäuferfreundliche erste Auslegungsvariante als auch eine käuferfreundliche Wortauslegung in Erwägung. Keinesfalls wird letzterer der Vorzug gegeben. Vielmehr ist letztere so zum Ausdruck gebracht, dass der Jurist sie für eher unwahrscheinlich hält. Wenn Alfenus nämlich zugunsten des Käufers eine Auslegung der *lex dicta* als fristgerechte Anzeigeobliegenheit ohne Angabe eines bestimmten Vermessungsergebnisses für möglich hält und hinzufügt, der Käufer könne in diesem Fall noch viele Jahre nach Fristablauf Rückerstattung entsprechend der wirklichen Mindergröße verlangen, so liest sich das *quamvis multis post annis* wie die Konsequenz einer zwar möglichen, aber doch wohl fernliegenden Parteivereinbarung.

Was die Parteien vereinbart haben, ist im Streitfall eine Beweisfrage, muss also in einem Rechtsgutachten letztlich unbeantwortet bleiben. Indessen gibt Alfenus dem Konsulenten mit der zweiten Variante den Tatsachenvortrag an die Hand, den er für eine schlüssige *actio empti* vorbringen muss, nämlich erstens die ihm günstige Auslegungsversion, dass der Käufer innerhalb von dreißig Tagen das Grundstück vermessen und nur allgemein eine Mindergröße anzeigen solle (*ut emptor in diebus proximis fundum metiatur et de modo renuntiet),* und natürlich zweitens, dass er dieser Anzeigeobliegenheit nachgekommen ist, dass er nämlich innerhalb von dreißig Tagen eine Mindergröße angezeigt hat (*et si in diebus triginta renuntiasset minorem modum agri esse).* Der zweite Teil des Klägervortrags ist demnach nicht mit „auch wenn" (*etsi*), sondern mit „und wenn" (*et si*) angeschlossen. Dass überhaupt eine solche Wortlautinterpretation in Erwägung gezogen wird, dürfte daran liegen, dass das Vermessen des Grundstücks zu den Pflichten des Verkäufers gehört. Bei einer *lex dicta*, welche diese Pflicht dem Käufer zuschiebt, handelt es sich demnach um eine Haftungsausschlussklausel. Wohl auch deshalb hält Alfenus in diesem Fall eine restriktive Wortauslegung für möglich.

Zusammenfassend lässt sich festhalten: Der Text gibt ein Responsum zu einem Einzelfall wieder. Alfenus behandelt nicht zwei verschiedene Vertragsklauseln – eine hypothetische und eine wirkliche -, sondern einen Kaufvertrag mit einer unklaren Klausel. Mit seiner Distinktio berücksichtigt der Jurist diese Unklarheit. Denn das Responsum stellt darauf ab, ob die Klausel im Sinne der einen oder der anderen Variante auszulegen ist. Der Jurist erörtert nicht zunächst eine vom Sachverhalt abweichende, „didaktische" Variante, um sodann in der zweiten Variante auf die Fallfrage zu antworten. Die Distinktio entspricht vielmehr dem insoweit doppeldeutigen Sachverhalt, nämlich der *ambigua lex dicta* und den beiden Interpretationsmöglichkeiten. Es ist eine durch die Umstände des zur Begutachtung vorgelegten Falles veranlasste Distinktio. Indessen könnte der Jurist mit der literarischen Verarbeitung in seinen Digesten über die Wiedergabe seines Gutachtens hinaus durchaus auch didaktische Zwecke verfolgt haben. Denn zum einen vermittelt der Auszug aus dem Werk des juristischen Schriftstellers dem Schüler die Respondiertechnik des *iurisconsultus*, und zum anderen werden die Parteien und die Kautelarjuristen dahin gehend belehrt, dass sie künftig eine Vermessungsklausel nicht länger mit dem hier behandelten Auslegungsproblem belasten sollten.

Erkennt der Jurist die Vertragsklausel als doppeldeutig und zieht er darum beide Auslegungsmöglichkeiten in Betracht, so bevorzugt er nicht die in der zweiten Variante für möglich gehaltene Wortlautauslegung. Die Worte *quamvis multis post annis* lassen eher vermuten, dass er hier eine strikte Wortlautauslegung zwar für möglich, nicht aber für wahrscheinlich hält. Bei Horaz findet sich für Alfenus das Attribut *vafer*. Hier ist es kaum pejorativ im Sinne von „gerissen" oder „spitzfindig" gemeint (so die *Tusculum* Ausgabe). Horaz erinnert vielmehr eigens an den „habile Alfenus". Gerade auch unsere Stelle vermittelt das Bild eines subtil, aber problemgerecht distinguierenden Fachjuristen.

Erstveröffentlichung: Ambigua lex venditionis – Paulus/ Alfenus D. 18,1,40 pr.,In: Vis ac potestas legum, Liber amicorum Zoltán Végh, hg. von Johannes Michael Rainer, Salzburger Studien zum Europäischen Privatrecht, Bd. 27, Frankfurt am Main 2010, S. 65-73; Seminarreferat mit Joseph Georg Wolf, Freiburg i. Br., Fachschaftshaus auf dem Schauinsland 2005, mit weiteren Nachweisen

Fall 4: Die Sprachlehrer-Sozietät in Auflösung
Eine unklare Abrechnungsvereinbarung

Paulus übernimmt in seinem Auszug aus den gesammelten Gutachten des Alfenus folgenden Fall der Beendigung einer Gesellschaft (*societas)* zweier Sprachlehrer (*grammatici*):

I. Sachverhalt, Quaestio, Responsum

D.17,2,71 pr. *Idem (Paulus) libro tertio epitomarum Alfeni digestorum* Duo societatem coierunt, ut grammaticam docerent et quod ex eo artificio quaestus fecissent, commune eorum esset: de ea re quae voluerunt fieri in pato convento societatis proscripserunt, deinde inter se his verbis stipulati sunt: ‚haec, quae supra scripta sunt, ea ita dari fieri neque adversus ea fieri? si ea ita data facta non erunt, tum viginti milia dari?' quaesitum est, an, si quid contra factum esset, societatis actione agi posset. respondit, si quidem pacto convento inter eos de societate facto ita stipulati essent ‚haec ita dari fieri spondes?', futurum fuisse, ut, si novationis causa id fecissent, pro socio agi non possit, sed tota res in stipulationem translata videretur. Sed quoniam non ita essent stipulati ‚ea ita dari fieri spondes?' sed ‚si ea ita facta non essent, decem dari?' non videri sibi rem in stipulationem pervenisse, sed tumtaxat poenam (non enim utriusque rei promissorem obligari, ut ea daret faceret et, si non fecisset, poenam sufferret) et ideo societatis iudicio agi posse.

Zwei Personen haben eine Gesellschaft gegründet, um Sprachunterricht zu erteilen. Die aus dieser Lehrtätigkeit erzielten Einnahmen sollen ihnen gemeinsam zustehen. Was in dieser Angelegenheit nach ihrem Willen geschehen sollte, haben sie im Gesellschaftsvertrag schriftlich niedergelegt und danach wechselseitig stipuliert: ‚Was oben geschrieben steht, dass dies so gegeben wird und geschieht und dass nichts Vertragswidriges geschieht, wenn dies nicht so gegeben wird und geschieht, dass dann zwanzigtausend gegeben werden, versprichst Du das? Es ist gefragt worden, ob dann, wenn ein Vertragsverstoß geltend gemacht wird, mit der *actio pro socio* geklagt werden könne. Er (*Alfenus*) hat geantwortet: Wenn die Parteien nach Abschluss des Gesellschaftsvertrages wechselseitig stipuliert hätten ‚Dass dies so gegeben wird und geschieht, versprichst du das', dann verhielte es sich so, dass, wenn sie dies novationshalber getan hätten, nicht *pro socio* geklagt werden könne. Vielmehr sei dann anzunehmen, dass der ganze Vertragsinhalt in die Stipulation überführt worden wäre. Aber weil ja geltend gemacht wird, dass die Parteien nicht stipuliert haben ‚Dass dies so gegeben wird und geschieht, versprichst Du das', sondern ‚Wenn dies nicht so geschehe, versprichst Du, dass dann zehn gegeben werden', betrachte er den Vertrag nicht als in die Stipulation überführt, sondern nur die Vertragsstrafe – der Versprechende werde nämlich nicht zu beidem verpflichtet, zum einen, den Vertrag zu erfüllen und zum anderen, bei Nichtleistung die Vertragsstrafe zu zahlen. Demgemäss könne mit der *actio pro socio* geklagt werden.

II. Ein Alternativgutachten

Die Auskunft des konsultierten Juristen lässt sich als Alternativgutachten kennzeichnen. Der Konsulent bekommt als Kläger für den Rechtsstreit die Auskunft, dass er für die *actio societatis* nicht nur einen Vertragsverstoss des Mitgesellschafters geltend machen muss, sondern auch, dass mit der wechselseitigen Stipulation der Gesellschaftsvertrag nicht noviert werden sollte. Die im Irrealis aufgezeigte Auslegungsvariante ist zwar hypothetisch, aber nicht zum eingangs geschilderten feststehenden Sachverhalt, sondern zum klägerischen Parteivortrag hinsichtlich der unklaren und streitigen Stipulationsvereinbarung.

Erstveröffentlichung: Eine Auslegungs-distinctio Alfens: D.17,2,71 pr. Paulus 3 epitomarum Alfeni digestorum, Iurisprudentia universalis, Festschrift für Theo Mayer-Maly zum 70. Geburtstag, Hg. Martin J. Schermaier, J. Michael Rainer und Laurens C. Winkel, Böhlau Köln Weimar Wien 2002, S. 357-362

Fall 5: Übergabe von Bargeld
Darlehen oder Schenkung?

I. Julian in seinen *digesta* und in den *disputationes* Ulpians

1. Julian D.41,1,36

Julian sieht bei Konsens in *corpus*, aber Dissens *in causis* kein Hindernis für eine wirksame *traditio*. Das aus seinen *digesta* entnommene Fragment lautet in der durch Justinians Digesten im Titel *de adquirendo rerum dominio* (D.41,1) überlieferten Fassung:

D.41,1,36 *Iulianus libro tertio decimo digestorum*
Cum in corpus quidem quod traditur consentiamus, in causis vero dissentiamus, non animadverto, cur inefficax sit traditio, veluti si ego credam me ex testamento tibi obligatum esse, ut fundum tradam, tu existimes ex stipulatu tibi eum deberi. nam et si pecuniam numeratam tibi tradam donandi gratia, tu eam quasi creditam accipias, constat proprietatem ad te transire nec impedimento esse, quod circa causam dandi atque accipiendi dissenserimus.

Julian im 13. Buch seiner Digesten
Wenn wir zwar über den Gegenstand, der übergeben wird, einig sind, jedoch über die Rechtsgründe uneinig, dann sehe ich nicht, warum die *traditio* unwirksam sein soll, zum Beispiel wenn ich glaube, dir aus einem Testament zur Übertragung eines Grundstücks verpflichtet zu sein, du aber glaubst, es werde dir aus einer Stipulation geschuldet. Denn auch wenn ich dir gezähltes Geld schenkungshalber übergebe, du es aber gleichsam als Darlehen annimmst, steht fest, dass das Eigentum auf dich übergeht und kein Hindernis darin liegt, dass wir hinsichtlich des Rechtsgrundes (*causa*) des Gebens und Empfangens uneins gewesen sind.

Auf den ersten Blick beginnt der Text mit einer allgemeinen Problemstellung: Wirksamkeit einer *traditio* bei Konsens *in corpus*, aber Dissens *in causis,* und einer die Unwirksamkeit verneinenden Antwort: *non animadverto, cur inefficax sit traditio.* Zur Begründung folgt zunächst ein *fundus*-Beispiel, in welchem die Beteiligten verschiedene Verpflichtungsgründe annehmen (*veluti – deberi*). Der Leistende will mit der Übertragung des Grundstücks einer vermeintlichen Verpflichtung aus einem Testament nachkommen, der Empfänger glaubt, es werde eine Stipulationsverpflichtung erfüllt. Der Dissens liegt daher in den der *traditio* vorangehenden Verpflichtungsgründen (*in causis*). Andererseits aber belegt das *fundus*-Beispiel eine Übergabe mit einem diesen Akt selbst begleitenden Erfüllungszweck und damit eine wirksame *traditio solutionis causa* trotz Dissenses *in causis*. Zur weiteren Begründung (*nam etsi – dissenserimus*) folgt ein Schenkungs-/Darlehens-Fall: Denn auch wenn ich dir Geld schenkungshalber gebe, du es aber als Darlehen annimmst, steht fest (*constat*), dass das Eigentum auf dich übergeht, ohne dass hinderlich ist, dass wir hinsichtlich der *causa* des Gebens und Nehmens uneins gewesen sind.

2. Ulpian D.12,1,18 pr

Diesen Schenkungs-Darlehens-Fall hat Ulpian in seinen *disputationes* aufgegriffen und der Auffassung Julians seine eigene Problemlösung entgegengehalten:

D.12,1,18 pr. Idem (Ulpianus) libro septimo disputationum. Si ego pecuniam tibi quasi donaturus dedero, tu quasi mutuam accipias, Iulianus scribit donationem non esse: sed an mutua sit, videndum. et puto nec mutuam esse magisque nummos accipientis non fieri, cum alia opinione acceperit. quare si eos consumpserit, licet condictione teneatur, tamen doli exceptione uti poterit, quia secundum voluntatem dantis nummi sunt consumpti.

D.12,1,18 pr. Derselbe (Ulpian) im 7. Buch seiner Disputationen. Wenn ich dir Geld schenkungshalber gebe, du es aber als Darlehen annimmst, dann liegt, so schreibt Julian, keine Schenkung vor. Man müsse aber sehen, ob ein Darlehen gegeben ist. Und ich glaube, dass auch kein Darlehen vorliegt und daher die Geldstücke eher nicht Eigentum des Empfängers werden, da er sie in anderer Meinung angenommen hat. Deshalb wird er, wenn er sie verbraucht hat, auch wenn er mit der *condictio* haftet, dennoch sich der Arglisteinrede bedienen können, weil die Geldstücke gemäß dem Willen des Gebenden verbraucht worden sind.

Ulpian beruft sich auf Julian für eine zu verneinende Schenkung: *Iulianus scribit donationem non esse.* Wenn es dann heißt, zu prüfen sei aber ein Darlehen (*sed an mutua sit videndum)*; so dürfte diese Textpassage noch zum Julian-Zitat gehören. Nach *videndum* kommt zwar auch ein zu ergänzendes *est* in Betracht. Doch näher liegt das unmittelbar zuvor erwähnte und daher nicht notwendig zu wiederholende *esse*. Nunmehr folgt Ulpians eigene Auffassung, dass auch ein Darlehen nicht vorliegt, mithin der Empfänger eher nicht Eigentümer des ihm übergebenen Geldes geworden ist (*puto – non fieri)*. Indessen kann aus der Position Ulpians nicht schon gleichsam im Gegenschluss gefolgert werden, dass Julian die Darlehensfrage bejaht hat. Ulpians Kritik scheint vielmehr vor allem darin zu bestehen, dass Julian das Darlehensproblem zwar aufgeworfen, dann aber doch offen gelassen hat.

II. Ein Responsum Julians

Der Julian-Text beginnt mit der sprachlich auffälligen Meinungsäußerung: *non animadverto, cur inefficax sit traditio*. Wer zu einer Prämisse ,Wenn wir über den Gegenstand, der übertragen wird, einig, über die Gründe aber uneinig sind' schreibt, sehe ich nicht, warum die *traditio* unwirksam sein soll, und bei der Veröffentlichung in seinen *digesta* nicht einfach die für richtig gehaltene Rechtsfolge angibt, dass die *traditio* wirksam ist, antwortet nicht im anfänglichen Stil einer Prämisse auf ein sich ihm stellendes Problem, sondern reagiert auf eine an ihn gestellte Frage, ob bei der gegebenen Fallkonstellation die *traditio* wirksam ist.

1. Sachverhalt, Quaestio, Responsum

Der Text kann daher eine gutachtliche Stellungnahme (*responsum*) Julians wiedergeben, sei es als Antwort auf eine ihm vorgelegte Problemstellung oder zu einer an ihn herangetragenen Anfrage im Rahmen eines konkreten Rechtsstreits. Wer der Anfragende ist, muss offen bleiben. Indessen ist eine dialogische Erörterung von Grundfragen des *ius civile* Julian durchaus eigen. Von einem wissenschaftlichen Austausch mit seinem Schüler und Kollegen *Africanus* zeugen dessen *quaestiones,* in denen mit einem *respondit* auf ein Responsum Julians Bezug genommen wird. In Julians *digesta* finden wir zum Beispiel eine Auseinandersetzung mit *Celsus* über die Haftung nach der *lex Aquilia* im Falle „überholender Kausalität". Hier wie dort ist der Text nach dem Responsen-Schema gegliedert, wie es auch für die *digesta* anderer Juristen kennzeichnend ist: Sachverhalt, Quaestio, Responsum. In dem Julian-Fragment D.41,1,36 fehlt ein solcher äußerer Aufbau. Doch er ist sprachlich und sachlich erkennbar. Der Julian-Text dürfte daher wie bei anderen *digesta*-Juristen mit der Aufnahme in Justinians Digesten unter Beseitigung des dreigliedrigen Responsen-Schemas auf die Kernaussage reduziert worden sein. So erklärt sich wohl auch, dass sich das wörtliche Julian-Zitat Ulpians *Iulianus scribit donationen non esse* im Julian-Text nicht verifizieren lässt.

Ist die durch *non animadverto cur non* eingeleitete Hauptaussage des ersten Satzes die Antwort auf eine hinzuzudenkende Quästio, ob die *traditio* wirksam ist, so vermisst man freilich noch einen dazu gehörenden Sachverhalt. Doch er ist ebenfalls in der scheinbar als allgemeines Problem formulierten Prämisse vorausgesetzt. Der Beginn des Textes (*cum – traditio*) lässt sich nämlich als Zusammenfassung eines streitigen Sachverhalts deuten: Es geht um eine *traditio* von *pecunia numerata*, bei welcher die Beteiligten über den Gegenstand (*in corpus)* einig sind, jedoch *in causis* sich im Dissens befinden.

Für eine solche Deutung als Responsum zu einem Parteienstreit gibt es sprachliche Indizien. Zum einen kann die Konjunktion *cum* des Einleitungssatzes auf einen geltend gemachten, dem Juristen zur Begutachtung vorgelegten Sachverhalt hinweisen. In den *digesta* des Alfenus und des Cervidius Scaevola gibt es Texte mit erhaltener Responsenstruktur, in denen mit einem konjunktivischen *cum*-Satz gegenüber einem im Indikativ formulierten feststehenden Sachverhalt das in tatsächlicher Hinsicht streitige Parteivorbringen angegeben wird. Ist es ein relevantes, gegebenenfalls also *apud iudicem* zu beweisendes Sachverhaltselement, dann ist ein vorprozessuales oder schon für das Verfahren *in iure* erstelltes Responsum des konsultierten Juristen bisweilen als Distinktio strukturiert: In zwei durch die Konjunktionen *cum* und *si* eingeleiteten Bedingungssätzen wird in tatsächlicher Hinsicht zunächst der Vortrag einer der beiden Streitparteien zugrunde gelegt und sodann die Version der Gegenseite.

In unserer Julianstelle gibt es allerdings nach dem Einleitungssatz und einem *fundus*-Beispiel nur einen *nam et si*-Satz als Begründung für eine wirksame *traditio* von Bargeld (*pecunia numerata)* in einem Schenkungs-/Darlehens-Fall. Er ist die Prämisse für die gutachterliche Aussage des Juristen, dass hier eine eigentumsübertragende *traditio* der Münzen trotz Dissenses *in causis* feststeht (*constat*). Gemeint ist: Wenn der Gebende die Geldstücke schenken will und der Empfänger sie als Darlehen annimmt, steht fest, dass beide mit der *traditio* die Übereignung der Geldstücke gewollt haben, sei es *donandi causa*, sei es *credendi causa*. Auch wenn die Parteien *in causis* dissentieren, will doch der vermeintlich Schenkende ebenso einen Eigentumsübergang wie derjenige, der das Geld *quasi mutuam* annimmt. Mit *constat* wird also nicht auf eine zur Zeit Julians allgemein anerkannte juristische Problemlösung verwiesen, auf ein *de iure receptum*, sondern auf einen insoweit als feststehend unterstellten Sachverhalt: Unter der genannten Voraussetzung, dass der Gebende das Geld schenken und der Empfänger es als Darlehen haben will, steht fest, dass die Parteien eine wirksame, eigentumsübertragende *traditio* der Münzen gewollt haben.

2. Der Schenkungs-/Darlehens-Fall als Argument

Ein solches fallbezogenes Argument bezieht sich nicht auf das unmittelbar vorangehende *fundus*-Beispiel, sondern auf die Problemstellung des Einleitungssatzes: *cum in corpus quod traditur consentiamus, in causis vero dissentiamus*. Ist aber der Schenkungs-/Darlehens-Sachverhalt für Julian ein Argument für die Hauptaussage des Einleitungssatzes, so wählt der konsultierte Jurist zur Begründung einer wirksamen *traditio* trotz Dissenses *in causis* eine mögliche Sachverhaltskonstellation, um einen wirksamen Eigentumserwerb, wie er im Einleitungssatz für richtig gehalten wird, zu untermauern. Der Aufbau der Julianstelle besteht daher nicht in einem unspezifischen allgemeinen Einleitungssatz, der durch zwei Beispielfälle veranschaulicht wird, sondern in der zusammenfassenden Wiedergabe eines Parteienstreits über eine *traditio* von *pecunia numerata* und dem Responsum Julians zur Frage, ob eine wirksame *traditio* vorliegt. Julian sieht dafür aufgrund des ihm vorgelegten Sachverhalts kein Hindernis. Es folgt das *fundus*-Beispiel und zur weiteren Begründung der Schenkungs-Darlehens-Fall, von dem der Jurist sagt, in diesem Fall stehe der Eigentumsübergang fest.

Sind die Parteien bei einer *traditio* von Bargeld – in Betracht kämen auch andere Darlehensgegenstände wie Gold oder Silber – im Dissens *in causis* und kommt es zum Rechtsstreit, dann besteht die Auseinandersetzung natürlich nicht darin, dass der Gebende Schenkung geltend macht und der Empfänger sich auf Darlehen beruft, sondern umgekehrt: Der Gebende verlangt Rückerstattung des als *mutua pecunia* übergebenen Geldes, doch der Empfänger bestreitet das Darlehen und beruft sich auf Schenkung. Geklagt wird gegebenenfalls mit der *actio certae creditae pecuniae (condictio)*. Denkbar ist auch ein Sinneswandel der Parteien. Der Geldgeber wollte zwar im Zeitpunkt der Übergabe schenken, der Empfänger aber ein Darlehen. Deshalb macht sich der Gebende jetzt das Vorbringen des Beklagten zu Eigen und klagt auf Darlehen mit der *condictio*. Nunmehr aber beruft sich der Empfänger exzeptionsweise auf Schenkung. Hier wie dort ist ein Dissens der Parteien *in causis*.

Erkennt man in der scheinbar allgemeinen Einleitung des Julianfragments eine solche Zusammenfassung der möglichen Fallkonstellationen des Parteienstreits, dann passt ein Schenkungs-/Darlehens-Fall mit feststehendem Eigentumsübergang als Argument für eine eigentumsübertragende *traditio* auch dann, wenn sich im Prozess herausstellen sollte, dass die Geldstücke entsprechend dem Klägervortrag nicht schenkweise, sondern als Darlehen übergeben worden sind. Das tatsächliche Geschehen, ob *pecunia quasi mutua* oder *donandi causa* tradiert worden ist, kann daher offen bleiben, wenn man die Einleitungspassage des Julian-Textes nicht als allgemeine rechtstheoretische Problemstellung interpretiert, sondern als fallbezogene gutachterliche Stellungnahme. In den beiden in Betracht kommenden Fallkonstellationen ist von einer wirksamen *traditio* auszugehen. Dass es für Julian auf den Zeitpunkt der Geldübergabe ankommt, zeigt das Tempus am Schluss *cum dissenserimus* im Unterschied zum Präsens des Einleitungssatzes, das sich auf die aktuelle sachverhaltsbezogene vorprozessuale oder schon prozessuale Fragestellung bezieht: *cum... consentiamus ... dissentiamus*. Deshalb sieht Julian im Dissens *in causis* hier kein Hindernis für eine wirksame *traditio*. Denn sowohl nach dem Tatsachenvortrag des Klägers ist eine *iusta causa traditionis* gegeben als auch nach dem Vorbringen des Beklagten. Julian bejaht also die Eigentumsfrage in einem Rechtsgutachten, äußert sich aber nicht zu der streitigen, aber für die Eigentumslage unerheblichen Sachverhaltsfrage, ob das Geld als Darlehen oder schenkungshalber übergeben worden ist. Eine solche Deutung des Julian-Textes als Responsum bezieht sich zwar unmittelbar auf eine Auseinandersetzung der Vertragsschließenden über die Wirksamkeit einer *traditio* bei Dissens *in causis*. Damit kann es aber gegebenenfalls auch indirekt als gutachterliche Stellungnahme zu einem Eigentumsstreit mit einem Dritten dienen, der sich auf sein zivilrechtliches Eigentum beruft. Dies wird zwar durch den Digestentitel 41,1 *de adquirendo rerum dominio* nahe gelegt, ist aber für Julian fraglich.

Eine Interpretation der Julian-Stelle als verkürzt überliefertes Responsum bedarf keiner Korrektur des überlieferten Textes, sondern erledigt die zu fast allen Passagen vertretenen Interpolationsvermutungen.

Wenn vorgetragen wird, dass wir zwar über den Gegenstand, der übertragen wird, einig, doch über die Rechtsgründe uneinig sind, sehe ich nicht, warum die *traditio* unwirksam sein soll, zum Beispiel wenn ich glaube, dir aus einem Testament zur Übertragung eines Grundstücks verpflichtet zu sein, du aber glaubst, es werde dir aus einer Stipulation geschuldet. Denn auch dann, wenn ich dir Geld schenkungshalber gebe, du es aber als Darlehen annimmst, steht fest, dass das Eigentum auf dich übergeht, ohne dass dem entgegensteht, dass wir hinsichtlich der *causa* des Gebens und Empfangens uneins gewesen sind.

3. Ulpians Kritik

Ulpians Julian-Kritik betrifft dessen als Argument angeführten Schenkungs-/Darlehens-Fall. Der Spätklassiker erwähnt die *condictio* für eine Klage nach Verbrauch des Geldes und eine *exceptio* des Geldempfängers, er habe die Münzen mit Willen des Gebenden verbraucht. So kann nur schreiben, wer davon ausgeht, dass der Geldgeber die Darlehensklage erhebt, der beklagte Empfänger aber geltend macht, er habe das Geld schenkweise erhalten, oder aber nach Aufdeckung des Missverständnisses habe sich der vermeintliche Darlehensgeber mit der Meinung des Empfängers, er habe das Geld schenkweise erhalten, einverstanden erklärt. Wenn der Geldgeber jetzt, nach Verbrauch des Geldes, dennoch mit der *condictio* klagt, dann sei dies, unabhängig vom Darlehens-Schenkungs-Streit, jedenfalls *dolus praesens*, weil er auch als Darlehensnehmer das Geld hat verbrauchen dürfen. Ihm als Empfänger der Münzen stehe daher die *exceptio doli* zu. Theoretisch denkbar ist ein Schenkungs-/Darlehens-Streit auch ohne Sinneswandel des Gebenden, also ein Fall mit der Behauptung des Gebenden, das Geld sei geschenkt, und der dissentierenden Position des Empfängers, es sei ein Darlehen gewesen. Dann aber gäbe es weder eine *condictio* für den Gebenden noch eine *exceptio doli* für den Empfänger, der das Geld ja als Darlehen angenommen haben will (*cum alia opinione acceperit)*.

Ulpian macht daher aus der Schenkungs/Darlehens-Argumentation Julians eine Schenkungs-/Darlehens-Auseinandersetzung für den Fall, dass die Darlehensklage Erfolg hat, weil und soweit der Verbrauch des Geldes dem Darlehensvertrag entspricht. Denkbar ist auch ein Sinneswandel der Parteien, dass vor Verbrauch des Geldes der Tradierende seine bisherige Position, er habe ein Darlehen gewollt, ebenso aufgegeben habe wie der Empfänger seine Meinung, er habe keine Schenkung gewollt, sondern ein Darlehen. Doch Ulpian hat die gutachtliche Stellungnahme Julians durchaus richtig verstanden. Verräterisch ist der Satz: *cum alia opinione acceperit*. Das Perfekt zeigt, dass auch Ulpian für den Dissens *in causis* – ebenso wie Julians *dissenserimus* – auf den Zeitpunkt der Geldübergabe abstellt, wenn der Beklagte geltend macht, er habe das Geld nicht als Darlehen, sondern als Schenkung angenommen, und zwar zu dem maßgeblichen Zeitpunkt, von dem Julian sagt, die Parteien seien im Dissens *in causis* gewesen. Die *exceptio* passt also nur dann, wenn auf Darlehen mit der *condictio* geklagt wird, der Beklagte aber behauptet, nach Aufdeckung des Dissenses habe sich der Kläger mit dem endgültigen Verbrauch des Geldes trotz Dissenses *in causis* einverstanden erklärt. Für Julian ist ein Schenkungs-/Darlehens-Fall ohne Sinneswandel der Parteien denkbar und erklärbar. Beruft sich aber der Gebende für den Zeitpunkt der Geldübergabe auf Schenkung, der Empfänger jedoch auf Darlehen, dann gibt es weder eine *actio* für den Gebenden, noch eine *exceptio* für den Empfänger. Die *exceptio doli* Ulpians passt nur zur Abwehr einer Darlehens-Klage (*condictio*). Julian muss sie nicht eigens hervorgehoben haben. Denn wenn der Beklagte sich auf Schenkung beruft, so liegt darin zugleich eine *exceptio doli praesentis* für den Fall, dass es doch nur ein Darlehen gewesen ist.

III. Eine „Antinomie" in Justinians Digesten

Der Einleitungssatz der Julian-Stelle D.41,1,36 und Ulpians Kritik in D.12,1,18 haben als „Antinomie" in Justinians Digesten im Rahmen der europäischen Zivilrechtswissenschaft eine besonders nachhaltige Wirkungsgeschichte. Mittelalterliche Erläuterungen in den Basilikenscholien und in glossierten und kommentierten Digestenausgaben haben die neuzeitliche Lehre vorbereitet, ein Eigentumserwerb sei auch ohne *iusta causa traditionis* wirksam. In Deutschland ist sie bis heute unter dem Namen „Abstraktionsprinzip" vorherrschend. Friedrich Carl von Savigny (1779-1861) hat in seinem „System des heutigen Römischen Rechts" auf das Julian-Fragment seine gegen das naturrechtlich geprägte „Einheitsprinzip" des Code civil von 1804 eines „Eigentumserwerbs durch Kauf" die bis heute vorherrschende deutsche Lehre vom abstrakten dinglichen Vertrag gestützt. Es war die maßgebliche pandektistische Doktrin, als nach der Gründung des Deutschen Reichs die Vorarbeiten zu einem Bürgerlichen Gesetzbuch (BGB) begannen. In der ersten Hälfte des 20. Jahrhunderts ist von einer rechtspolitischen Polemik gegen das angeblich lebensfremde römische Recht bisweilen auch die Lehre von der abstrakten Eigentumsübertragung ins Feld geführt worden. Der niederländische Gesetzgeber hat im Burgerlijk Wetboek von 1838 die Frage offen gelassen. Heute ist im neuen niederländischen Burgerlijk Wetboek von 1992 wie in den meisten anderen europäischen Zivilgesetzbüchern die kausale *traditio* als *levering krachtens geldige titel* festgeschrieben worden (Art. 3, 84 B.W.). Das widerstreitende Abstraktionsprinzip ist, wie auch Werner Flume in seinem Lehrbuch festgehalten hat, weder apriorisch „richtig" noch „unrichtig". Es ist allerdings, auch wenn es die Diskussion *de lege ferenda* z. B. in China mitbestimmt, weltweit so gut wie isoliert. In den *Draft Common Frame of Reference* von 2009 für ein künftiges europäisches Sachenrecht ist es nicht aufgenommen worden.

Erstveröffentlichung: Julian im Dialog über Mutuum, Traditio und Causa in Meditationes de iure et historia, Essays in honour of Laurens Winkel. Editors: Rena van den Bergh, Gardiol van Niekerk, Pascal Pichonnaz, Philip Thomas, Duard Kleyn, Francesco Lucrezi, Jan Mutton. Fundamina Editio specialis. Pretoria 2014. S. 489-499; In corpus consentimus, in causis dissentimus, in: Liber amicorum Guido Tsuno, Frankfurt am Main 2013, S. 185-192.

Fall 6: Afrikan und Julian im Dialog über das Darlehen

Der *iuris consultus* zeigt sich auch in den *Quaestiones* des Julian-Schülers Afrikan. In diesem Werk kann sich ein *respondit* auch auf den Lehrer Julian beziehen, zumal der Spätklassiker Ulpian in seinem Edikts-Kommentar beide Klassiker mit den Worten zitiert: *Iulianus Sexto Caecilio Africano respondit* (Ulpianus 34 ad edictum). So verhält es sich in dem Lehrer-Schüler-Dialog über das Darlehen:

D.17,1,34 pr. *Africanus libro octavo quaestionum*

Qui negotia Lucii Titii procurabat, is, cum a debitoribus eius pecuniam exegisset, epistulam ad eum emisit, qua significaret certam summam ex administratione apud sese esse eamque creditam sibi se debiturum cum usuris semissibus: quaesitum est, an ex ea causa credita pecunia peti possit et an usurae peti possint. Respondit non esse creditam: alioquin dicendum ex omni contractu nuda pactione pecuniam creditam fieri posse. Nec huic simili esse, quod, si pecuniam apud te depositam convenerit ut creditam habeas, credita fiat, quia tunc nummi, qui mei erant, tui fiunt: item quod, si a debitore meo iussero te accipere pecuniam, credita fiat, id enim benigne receptum est. his argumentum esse eum, qui, cum mutuam pecuniam dare vellet, argentum vendendum dedisset, nihilo magis pecuniam creditam recte petiturum: eet tamen pecuniam ex argento redactam periculo eius fore, qui accepisset argentum. et in proposito igitur dicendum actione mandati obligatum fore procuratorem, ut, quamvis ipsius periculo nummi fuerint (Mommsen: *fierent*), tamen usuras, de quibus convenerit, praestare debeat.

Der Geschäftsführer des Lucius Titius hat diesem, nachdem er von dessen Schuldnern Geld eingezogen hatte, einen Brief geschrieben, in dem er ihm anzeigte, eine bestimmte Summe befinde sich auf Grund seiner Verwaltungstätigkeit bei ihm und er betrachte sich diesbezüglich als Darlehensschuldner zu sechs Prozent Zinsen. Es wurde gefragt, ob auf Grund dieses Sachverhalts die Darlehensklage erhoben werden kann und ob die Zinsen eingeklagt werden können. Er (Julian) hat geantwortet, es liege kein Darlehen vor. Sonst müsste man ja sagen, aus jedem Vertrag könne durch bloße Vereinbarung ein Darlehen entstehen. Vergleichbar sei auch nicht der Fall, dass du bei dir in Verwahrung gegebenes Geld vereinbarungsgemäß als Darlehen erhalten sollst. Denn dann werde es zum Darlehen, weil die Geldstücke von meinem Eigentum in deines übergehen. Ebenfalls nicht vergleichbar sei, dass ein Darlehen dann zustande kommt, wenn ich dich ermächtige, von meinem Schuldner Geld zu empfangen. Denn dies ist aus Wohlwollen anerkannt. Dafür diene als Argument, dass ebenso wenig derjenige zu Recht die Darlehensklage erhebe, der ein Gelddarlehen gewähren wollte und dem Empfänger Silber zum Verkauf gegeben hat. Dennoch werde das aus dem Verkauf des Silbers erzielte Geld auf Gefahr dessen gehen, der das Silber empfangen hat. Auch im vorliegenden Fall sei daher zu sagen, dass der *procurator* aus der Mandatsklage mit der Maßgabe haften werde, dass er, obwohl die Geldstücke auf seine Gefahr gelaufen sind, dennoch die vereinbarten Zinsen zahlen müsse.

Der Aufbau dieser Afrikanstelle folgt dem Responsenschema: Sachverhalt, Quästio, Responsum. Auffällig ist allerdings, dass die Sachverhaltsschilderung zwar einen Brief des *procurator* an *Lucius Titius* erwähnt, nicht aber dessen Antwort. Es fehlt dessen Antwortbrief. Andererseits setzt die Antwort Julians voraus, dass *Lucius Titius* einverstanden ist. Die gutachtliche Stellungnahme des Juristen dient demnach der Beratung des *Lucius Titius* vor Erteilung des Einverständnisses. Die Quaestio der Afrikan-Stelle kann daher zunächst an Julian gerichtet sein, danach dessen Responsum an den Schüler Afrikan, bevor dieser dem Konsulenten das für ihn positive Gutachten Julians zur Kenntnis weitergibt.

Erstveröffentlichung: Afrikan und Julian im Dialog über das Darlehen – D.17,1,34 pr. libro octavo quaestionum, in: Römische Jurisprudenz – Dogmatik, Überlieferung, Rezeption, Festschrift Detlef Liebs zum 75. Geburtstag, Duncker & Humblot Berlin 2011, 347-359, Freiburger Rechtsgeschichtliche Abhandlungen, N.F., Bd. 63

B.: Die Kunst des Guten und Gerechten
Celsus bei Ulpian: Ius est ars boni et aequi

Fall 7: Das Mandat des Aurelius Quietus

I. Textebenen

Der Celsinische Aurelius-Quietus-Fall im 16. Fragment des Digestentitels über die *actio mandati vel contra* (D.17,1) darf als 'leading case' für eine neue Mandatslehre angesehen werden.

D.17,1,16 *Ulpianus libro trigensimo primo ad edictum*

Si quis mihi mandaverit in meo aliquid facere et fecero, quaesitum est, an sit mandati actio. et ait Celsus libro septimo digestorum hoc respondisse se, cum Aurelius Quietus hospiti suo medico mandasse diceretur, ut in hortis eius quos Ravennae habebat, in quos omnibus annis secedere solebat, sphaeristerium et hypocausta et quaedam ipsius valetudini apta sua inpensa faceret: deducto igitur, quanto sua aedificia pretiosiora fecisset, quod amplius impendisset posse eum mandati iudicio persequi.

Wenn mich jemand beauftragt hat, in meinem Bereich etwas zu tun, und ich es getan habe, so ist gefragt worden, ob die Auftragsklage gegeben ist. Und Celsus sagt im 7. Buch seiner Digesten, er habe dies bejaht, geantwortet, als gesagt wurde, Aurelius Quietus habe seinem Gastfreund und Arzt aufgetragen, er solle in den Gärten, die dieser in Ravenna hatte und in die er sich alljährlich zurückzuziehen pflegte, eine Ballspielanlage, ein Dampfbad und weitere seiner Gesundheit dienliche Einrichtungen auf seine Kosten errichten. Er könne also nach Abbzug dessen, um wieviel er seine Gebäude wertvoller gemacht habe, mit der Auftragsklage verfolgen.

Wir erkennen sogleich mehrere zeitliche Ebenen. Als Digestenfragment ist der Text Bestandteil des Justinianischen Gesetzgebungswerks aus der ersten Hälfte des sechsten nachchristlichen Jahrhunderts. Wiedergegeben ist, wie die Inskription *Ulpianus libro trigensimo primo ad edictum* ausweist, ein Auszug aus dem Ediktskommentar des spätklassischen, zu Beginn des dritten Jahrhunderts wirkenden Juristen Domitius Ulpianus. Ulpian zitiert in seinem Werk die Digesten des Hochklassikers Publius Iuventius Celsus aus dem zweiten Jahrhundert. Celsus gibt an der zitierten Stelle ein Responsum wieder, also eine Antwort auf eine ihm gestellte Rechtsfrage. Und dieses Responsum bezieht sich auf den geschilderten Fall, betreffend die Sonderwünsche, die ein gewisser *Aurelius Quietus* seinem Arzt und Gastfreund in Ravenna in Auftrag gegeben hat. Geht man also in die historische Tiefe, sind bereits fünf zeitliche Ebenen zu unterscheiden. Es sind jedoch mindestens sieben.

Denn zum einen handelt es sich bei den Digesten des Celsus um das Haupt- und Spätwerk des Juristen, das aus früheren Schriften schöpft: *commentarii*, *epistulae*, *quaestiones*. Und zum anderen wird der *Aurelius-Quietus*-Fall, wie sich aus dem Wort *diceretur* ergibt, nicht aus eigener unmittelbarer Kenntnis, sondern vom Hörensagen geschildert, um sich in dessen Gärten zu erholen. Wie wir aus unserer Digestenstelle erfahren, ließ er sich von seinem Arzt eine Ballspielanlage *(sphaeristerium)* und ein Dampfbad (*hypocausta*, *sc. diaeta*) anfertigen und weitere seiner Gesundheit dienliche Einrichtungen (*quaedam ipsius valetudini apta*). Dürfen wir einerseits davon ausgehen, daß dem Celsinischen Responsum eine reale Begebenheit zugrunde liegt, so haben wir doch andererseits keinen Beleg dafür, dass sich *Aurelius Quietus* mit seinem Arzt in einem wirklichen Rechtsstreit befunden hat. Daher dürfte es sich bei dem Celsinischen Responsum nicht um ein Rechtsgutachten zu einem drohenden oder schon eingeleiteten Prozeß handeln. Näher liegt vielmehr eine Antwort des Rechtslehrers Celsus auf eine ihm gegebene Problemstellung im Rahmen einer Diskussion, die er mit seinen Studenten geführt hat.

II. Das Mandat

Der *Aurelius-Quietus*-Fall veranschaulicht das Grundproblem eines Mandats.

Mandatum, wörtlich "das an oder in die Hand Gegebene", das "Anvertraute", läßt sich als unentgeltliche Geschäftsbesorgung kennzeichnen. Ursprünglich nur ein sozialer, auf Freundschaft (*amicitia*) oder Amtsführung (*officium*) beruhender Tatbestand, bekam es im Wirtschaftsleben der römischen Republik rechtsgeschäftlichen Charakter. Rechtsgeschäftliche Wirkung hatte bereits die einseitige, ebenfalls *mandatum* oder *iussum* genannte Ermächtigung. Doch hier geht es um das vertraglich bindende Mandat. Dieser *contractus* gehört zu den Vertragsobligationen, welche durch formlosen Konsens der Parteien begründet werden. Mit seinem Einverständnis, mit der Übernahme des ihm Aufgetragenen, wird der Beauftragte (*mandatus*, Mandatar) zur Ausführung verpflichtet. Im Gegenzug haftet der Auftraggeber (*mandans, mandator*, Mandant) dem Beauftragten auf Erstattung der Auslagen. Demgemäß steht beiden Vertragspartnern die *actio mandati* zu. Sie geht, wie wir sogleich aus den Institutionen des Gaius erfahren, auf das, was die Parteien einander nach guter Treue zu leisten verpflichtet sind (*invicem alter alteri tenebitur in id, quod vel me tibi vel te mihi bona fide praestare oportet*). Im *Aurelius-Quietus*-Fall scheint es sich daher auf den ersten Blick einfach so zu verhalten, daß der mit den Sondereinrichtungen beauftragte Arzt die von ihm vorgestreckten Auslagen als Aufwendungsersatz verlangen kann, allerdings mit einem nach *bona fides* zu berücksichtigenden Abschlag, welcher der Wertsteigerung seiner bisherigen Anlagen entspricht. Indessen geht es um die Grundlagen des Auftragsrechts.

der *actio negotiorum gestorum* Aufwendungsersatz verlangen. Demgegenüber hätte nach Sabinus der Arzt die Anlagen zwar nicht errichten müssen. Aber nachdem er dies getan hat, müßte ihm Aurelius Quietus die Auslagen in voller Höhe erstatten, hat doch der Arzt nicht anders gehandelt, als wenn es ihm verbindlich aufgetragen worden wäre. Der Arzt bekäme also nach Servius nichts, nach Sabinus aber alles. Solche Entweder-Oder-Positionen lehnt Celsus ab. Er vertritt vielmehr eine interessengerechte Einerseits-Andererseits-Lösung. Der Auftrag liegt im gesundheitlichen Interesse des Aurelius Quietus. Folglich hat sich der Arzt mit seinem Einverständnis zur Ausführung des ihm Aufgetragenen verpflichtet, spätestens also konkludent mit Baubeginn. Im Gegenzug bekommt er nach Errichtung der Anlagen Aufwendungsersatz. Andererseits aber handelt es sich um Einrichtungen in den Gartenanlagen des Arztes. Der Auftrag betrifft damit auch den eigenen Verantwortungsbereich des Beauftragten. Deshalb hält Celsus einen Abzug beim Auslagenersatz für gerechtfertigt, soweit der Arzt einen auftragsfremden wirtschaftlichen Vorteil durch Wertsteigerung seiner Gartenanlagen in Ravenna erlangt hat.

IV. Celsinisches Rechtsdenken

Das Aurelius-Quietus-Mandat illustriert exemplarisch Celsinisches Rechtsdenken. Celsus hat jene zeitlose, von Ulpian 'elegant' genannte Definition des Rechts formuliert, die Justinian an den Anfang der Digesten gestellt hat: *ius est ars boni et aequi.* Es ist ein Ulpian-Text, der sich an alle richtet, die sich um das Recht bemühen.

D.1,1,1 pr. *Ulpianus libro primo institutionum* Iuri operam daturum prius nosse oportet, unde nomen iuris descendat. est autem a iustitia appellatum: nam, ut eleganter Celsus definit, ius est ars boni et aequi.

Wer sich der Pflege des Rechts widmen will, muss zunächst wissen, woher der Begriff Recht stammt. Er ist aber von der Gerechtigkeit her geprägt worden. Denn das Recht ist, wie Celsus elegant definiert, die Kunst des Guten und Gerechten.

Celsus nimmt in seinen Digesten auf das *bonum et aequum* bisweilen unmittelbar Bezug. Dieses Werk umfaßt 39 Bücher. Die *ius*-Definition bringt auf den Begriff, was im einzelnen entfaltet wird, nämlich des Juristen hohe Kunst der Auslegung von Recht und Gesetz. Sie erschließt sich in der Analyse der von Celsus behandelten Einzelprobleme.

Im *Aurelius-Quietus*-Fall zeigt sich die ganze Vielfalt des Celsinischen Rechtsverständnisses. Über den Inhalt der Mandatsobligation entscheidet die *bona fides*. Geschuldet ist zugleich, was der eine Vertragspartner dem anderen aufgrund des Guten und Gerechten leisten muß (*quod alterum alteri ex bono et aequo praestare oportet*). Diesem *bonum et aequum* ist die Problemlösung verpflichtet. Sie paßt zur aristotelischen Kennzeichnung des Gerechten (díkaion) als Mitte zwischen Schaden und Gewinn, zwischen dem Zuviel und dem Zuwenig. Denn Celsus wahrt die gerechte Mitte zwischen Auslagenersatz und Bereicherung. Die Entscheidung entspricht auch der Definition des Rechts als einer *ars*. *Ars* bedeutet in erster Linie Kunst, Handwerk, Technik, kann aber auch System, Wissenschaft umfassen. *Ars* steht im Gegensatz zu *natura* und bringt eine schöpferische Tätigkeit zum Ausdruck. Die Celsinische Definition des Rechts läßt sich daher als schöpferische Lehre vom Guten und Gerechten wiedergeben. Für das *Aurelius-Quietus*-Mandat bietet Celsus eine schöpferische, interessen-, sach- und systemgerechte Problemlösung. Sie orientiert sich am wohlverstandenen Interesse der Vertragspartner und berücksichtigt damit jenes Kriterium, das dem Privatrecht überhaupt eigen ist. Mit einer solchen 'Interessenjurisprudenz' erweist sich Celsus in der Diskussion über die Grundlagen des Mandatsrechts als Neuerer. Seine Falllösung erscheint als sach-, nämlich auftragsgerecht. Denn mit einer unentgeltlichen Geschäftsbesorgung wäre eine entgeltgleiche Vermögensvermehrung oder schenkungsähnliche Bereicherung des Beauftragten kaum vereinbar. Als geboten erscheint nur, dass der Auftraggeber dem Beauftragten einen mandatsspezifischen Vermögensnachteil ausgleicht. Die Lösung des *Aurelius-Quietus*-Falles beruht schließlich auf einer systemgerechten Mandatslehre, wie die Kreditmandatsdiskussion zeigt. Wenn man nämlich beim *mandatum, ut Titio credas* die Haftung mit dem Sabinianischen Argument begründet, der Mandatar habe das Darlehen gerade so gegeben, wie wenn er beauftragt worden wäre, so führt dies zu einer bürgengleichen Haftung durch formloses Mandat und daher zu einem mit der Stipulationsform des Bürgschaftsversprechens kollidierenden Ergebnis. Demgegenüber erreicht Celsus mit dem Interesse-Kriterium eine sinnvolle Abgrenzung des für den Mandanten eigennützigen Mandats von der typischerweise fremdnützigen Bürgschaft und gelangt damit zu rechtlich konsistenten Voraussetzungen für die Haftung eines Dritten bei Ausfall des Primärschuldners.

Erstveröffentlichung: Quaestiones Iuris, Festschrift für Joseph Georg Wolf zum 70. Geburtstag, herausgegeben von Christoph Krampe zusammen mit Ulrich Manthe, Berlin 2000, Freiburger Rechtsgeschichtliche Abhandlungen, N.F., Bd. 36, S. 125-149. Das Mandat des Aurelius Quietus, Celsus bei Ulpian D. 17,1,16 und die Kreditmandatdiskussion.

Fall 8: Kapitol-Fall

Ambiguitas contra stipulatorem

I. Eine Celsinische Auslegungsregel

Aus den *digesta* des P. Iuventius Celsus ist folgender Auszug überliefert:

D.34,5,26 *Celsus 26 digestorum*

Cum quaeritur in stipulatione, quid acti sit, ambiguitas contra stipulatorem est.

Wenn bei einer Stipulation gefragt wird, was vereinbart ist, geht eine Doppeldeutigkeit gegen den Versprechensempfänger (*stipulator*), also zu Lasten des Gläubigers.

Für das rechte Verständnis dieser Interpretationsregel gibt Celsus selbst in D.45,1,99 pr. eine fallbezogen – differenzierende Erläuterung und behandelt sodann in § 1 dieses Fragments mit einem Kapitol-Fall ein besonderes Auslegungsproblem.

D.45,1,99 Celsus 38 digestorum

Quidquid adstringendae obligationis est, id nisi palam exprimitur, omissum intellegendum est: ac fere secundum promissorem interpretamur, quia stipulatori liberum fuit verba late concipere. Nec rursum promissor ferendas est, si eius intererit de certis potius vasis forte aut hominibus actum.

1 Si stipulatus hoc modo fuero: ‚intra biennium Capitolium non ascenderis, dari?‘, non nisi praeterito biennio recte petam: nam nisi ambigua verba sunt, sic tamen exaudiuntur, si inmutabiliter verum fuit te Capitolium non ascendisse.

Was den Umfang der Verbindlichkeit begründet, das ist, wenn es nicht offenkundig durch Worte ausgedrückt wird, als weggelassen anzusehen. Und wir legen in der Regel zu Gunsten des Versprechenden (*promissor*, Schuldner) aus, weil es dem *stipulator* (*Gläubiger*, Versprechensempfänger) frei gestanden hat, die Worte weit zu fassen. Andererseits aber dringt der *promissor* nicht durch, wenn es in dessen Interesse liegen wird, dass man eher eine Vereinbarung etwa über bestimmte Gefäße oder Sklaven getroffen hat.
1 Wenn ich auf folgende Weise stipuliert habe: ‚Versprichst du zu geben, wenn du innerhalb von zwei Jahren das Kapitol nicht bestiegen hast?', werde ich erst nach Ablauf der Zweijahresfrist zu Recht klagen. Denn auch wenn die Worte zweideutig sind, werden sie doch so verstanden, wenn unabänderlich wahr gewesen ist, dass du das Kapitol nicht bestiegen hast.

II. In Capitolium ascendere (Aufstieg aufs Kapitol)

Das Kapitol ist das politisch-religiöse Zentrum des antiken Roms. Geographisch handelt es sich um eine der beiden Kuppen des Kapitolinischen Hügels (*clivus Capitolinus*), nämlich die südliche, auf welcher der in frührepublikanischer Zeit errichtete Jupiter-Tempel (*Iupiter Optimus Maximus Capitolinus*) stand. Gute Anschauung vom *clivus Capitolinus* bietet ein Alfenus-Gutachten zu einem Schadensfall, der sich beim Lastentransport durch Maultiertreiber auf diesem Hügel ereignet hat (Alfenus 2 digestorum D.9,2,52,3). In diesem Fall geht es um einen realen Aufstieg von unten nach oben auf den kapitolinischen Hügel. Doch in anderen Digestenstellen, auch im Falle von Versprechensbedingungen, wird ein *ascendere in Capitolium* im übertragenen Sinn eines Aufstiegs in der Ämterlaufbahn nahe gelegt, insbesondere zum höchsten Magistrat, dem Konsulat. So verhält es sich auch hier. Denn Celsus interpretiert die Stipulationsworte dahin gehend, dass auf jeden Fall die Zweijahresfrist (*biennium*) abzuwarten ist, ehe geklagt werden kann, also auch dann, wenn feststeht, dass er das angestrebte Konsulat nicht mehr erreichen kann. Wenn also die Negativbedingung bereits feststeht, ist doch die Zweijahresfrist (*biennium*) zu beachten. Mit dem *sic* wird auf dieses Auslegungsergebnis zurückverwiesen. Der abschließende *si*-Satz verweist daher nicht auf ein durch *sic* angekündigtes Auslegungsergebnis, sondern auf die Sachverhaltskonstellation, welche den Auslegungszweifel begründet.

III. Modernes Recht

Die Celsinische Regel *ambiguitas contra stipulatorem* ist im modernen Vertragsrecht weltweit grundsätzlich als *contra proferentem-rule* anerkannt, sei es als geschriebenes , sei es als ungeschriebenes Recht. Als verbraucherschützende Regel gilt sie in den Mitgliedstaaten der Europäischen Union (Verbraucherschutzrichtlinie von 1993, Art. 5). In Deutschland gilt sie für allgemeine Geschäftsbedingungen, zunächst mangels Regelung im BGB als kraft Richterrechts, sodann, seit 1976/77, nach § 5 AGBG und seit der Schuldrechtsreform des BGB von 2002 nach der Integration des AGB-Rechts
(§ 305c BGB).

Erstveröffentlichung: Die Unklarheitenregel, Bürgerliches und römisches Recht, Duncker & Humblot, Berlin 1983, Schriften zum Bürgerlichen Recht, 83; Die Celsinische Auslegungsregel ‚Ambiguitas contra stipulatorem est, A l'Europe du troisième millenaire, Mélanges offerts à Giuseppe Gandolfi II, Académie des privatistes européens, Milano 2004, S. 876-886; jetzt maßgeblich ‚Si in Capitolium (non) ascenderit', Scritti per Alessandro Corbino, a cura di Isabella Piro 4, 113-121, Libellula Edizioni , 73039 Tricase (LE) – www.libellulaedizioni.com

Fall 9
Eine ungerechte Verrechnungs-Vereinbarung

Im Digestentitel *de pactis* findet sich ein Auszug aus dem Ediktskommentar Ulpians, in dem ein bereits in den Celsinischen Digesten behandeltes Schuldbefreiungsproblem wiedergegeben ist:

D.2,14,51 (Ulpianus, 26 ad edictum). Si cum te ex causa legati debere pacisci debitori tuo existimas, pactus sit, ne ab eo peteres: neque iure ipso liberatur debitor neque petentem summovebit exceptione conventionis, ut Celsus libro vicensimo scribit. 1 Idem eodem loco scribit, si debitorem tuum iussisti solvere Titio, cui legatum falso debere existimas, et debitor pactus sit cum Titio suo debitore constituto: neque tibi adversus tuum debitorem neque ipsi adversus (tuum, Mo.suum) Titium actionem peremptam.

Wenn du annimmst, aufgrund eines Vermächtnisses deinem Schuldner eine Befreiungsvereinbarung zu schulden, und er deshalb vereinbart hat, du sollest von ihm nichts fordern, so wird er weder *ipso iure* befreit, noch wird er deine Klage mit der *exceptio pacti* abwehren, wie Celsus im 20. Buch schreibt. 1 Derselbe schreibt an gleicher Stelle: Wenn du deinen Schuldner angewiesen hast, an Titius zu zahlen, dem ein Vermächtnis zu schulden du irrtümlich annimmst, und wenn der Schuldner mit Titius, der sein Schuldner geworden war, eine Verrechnungsvereinbarung getroffen hat, dann hast weder du gegenüber deinem Schuldner, noch hat dieser gegenüber Titius die Klage verloren.

An dem Fall, der im Paragraphen 1 des Fragments behandelt wird, sind drei Personen beteiligt: der erneut als *Tu* bezeichnete Gläubiger, dessen Schuldner sowie *Titius*. *Titius* ist Schuldner des ersten Schuldners und vermeintlicher Legatsgläubiger des Tu. Deshalb dürfte der Schluss des Textes wie folgt lauten: *neque tibi adversus tuum debitorem neque ipsi adversus Titium actionem peremptam.* Demgegenüber weist die maßgebliche Handschrift der Digesten, die in Florenz aufbewahrte *Florentina* (*Codex Florentinus*) nach dem ersten *adversus tuum debitorem* erneut ein *adversus tuum* aus. Näher liegt jedoch *Titium*, zumal in der Unzialschrift der *Florentina* das *tuum* bis auf einen Strich mit *Titium* deckungsgleich ist.

Dass der zuvor zweimal erwähnte *Titius* gemeint ist, ist nicht zweifelhaft. Das *pactum* bezweckt eine Erledigung der dreiseitigen Rechtsbeziehung zwischen *Tu*, dessen Schuldner (*debitor*) und *Titius*. Sie ist zwar zunächst durch die irrtümliche Zahlungsanweisung des *Tu* veranlasst, beruht letztlich aber nicht so sehr auf dessen *iussum* wie auf der zwischen *debitor* und *Titius* begründeten Schuldbeziehung. Deshalb lässt Celsus das *pactum* nicht zu Lasten des Tu gehen. Weil das unter dem Gebot der *aequitas* stehende *pactum* mangels Legatsforderung nicht zur Befreiung des *Titius* führt, bleibt dessen Gläubiger als Schuldner des *Tu* verpflichtet.

Erstveröffentlichung: Celsus bei Ulpian D.2,14,51: Ein ungerechtes Verrechnungs-pactum, Mélanges Fritz Sturm, Liège 1999, S. 267-276

Celsus/Ulpian: D.2,14,51,1

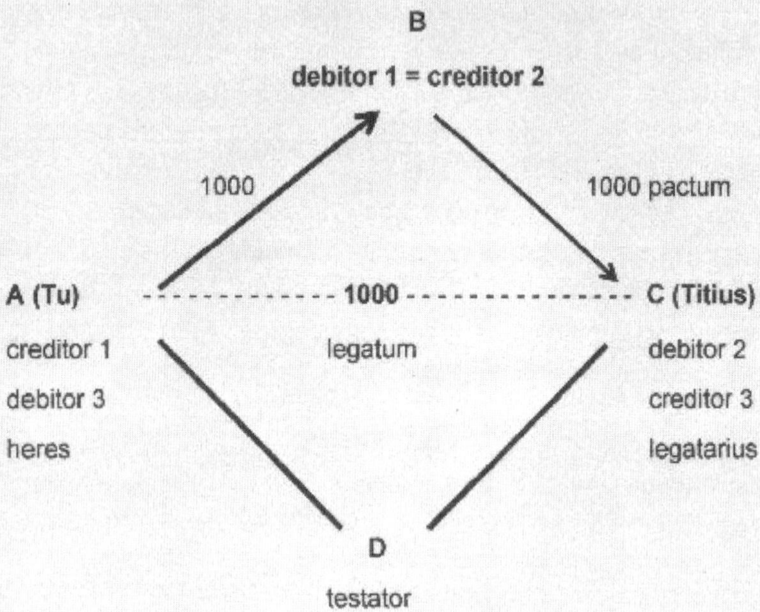

creditor	Gläubiger	heres	Erbe
debitor	Schuldner	testator	Erblasser
pactum	Vereinbarung	legatum	Vermächtnis
		Legatarius	Vermächtnisnehmer

Fall 10: Das zu spät widerrufene Verkaufsmandat

Im Digestentitel *De Publiciana in rem actione* (D.6,2) findet sich ein Auszug aus dem Ediktskommentar Ulpians mit der Wiedergabe eines in den Quästionen Papinians behandelten Problems prätorischen Rechtsschutzes eines Käufers.

I. Text und Übersetzung

D. 6, 2, 14 *Ulpianus libro sexto decimo ad edictum*
Papinianus libro sexto quaestionum scribit: si quis prohibuit cel denuntiavit ex causa venditionis tradi rem, quae ipsius voluntate a procuratore fuerat distracta, et is nihilo minus tradiderit, emptorem tuebitur praetor, sive possideat sive petat rem. sed quod iudicio empti procurator emptori praestiterit, contrario iudicio mandate consequetur: potest enim fieri, ut emptori res auferatur ab eo, qui venire mandavit, quia per ifnorantiam non est usus exceptione, quam debuit opponere, veluti: 'si non auctor meus ex voluntate tua vendidit'.

Papinian schreibt im 6. Buch seiner Quästionen: Wenn jemand verbietet oder das Verbot anzeigt, dass auf Grund eines Kaufvertrages eine Sache übergeben wird, die mit dessen Willen vom Verwalter veräußert war, und dieser dennoch übergibt, wird der Prätor den Käufer schützen, sei es dass er die Sache besitzt, sei es dass er sie herausverlangt. Aber was der Verwalter aufgrund der Kaufklage dem Käufer leistet, wird er mit der Auftragsgegenklage erlangen. Es kann nämlich geschehen, dass dem Käufer die Sache von demjenigen erfolgreich herausverlangt wird, der den Verkaufsauftrag erteilt hat, weil er aus Unkenntnis nicht die exceptio geltend gemacht hat, die er hätte entgegensetzen wollen, zum Beispiel ‚wenn nicht mein Gewährsmann mit deinem Willen verkauft hat'.

Diese Übersetzung entspricht in der Sache der englischen Übersetzung Alan Watsons, weitgehend auch der Übertragung in der neuen niederländischen Ausgabe des *Corpus iuris civilis*, übernimmt aber nicht die in der deutschen Ausgabe vorgeschlagenen Ergänzungen:

„Papinian schreibt im 6. Buch der Rechtsfragen: Wenn jemand (seinen Verwalter) hindert oder (ihm) verbietet, eine Sache, die mit seiner Einwilligung von dem Verwalter verkauft worden war, aufgrund des Verkaufs zu übergeben, dann wird, wenn der Verwalter die Sache trotzdem übergeben hat, der Prätor den Käufer schützen, mag dieser die Sache besitzen oder (von einem Dritten) herausverlangen. Aber auch das, was der Verwalter dem Käufer aufgrund der Kaufklage (als Schadensersatz) geleistet hat, erlangt er mittels der Gegenklage aus Auftrag (vom Verkäufer) wieder. Es kann nämlich geschehen, dass die Sache dem Käufer von dem, der den Auftrag zum Verkauf erteilt hat, wieder entzogen wird, weil er aus Unwissenheit eine Einrede nicht geltend gemacht hat, die er hätte erheben müssen, zum Beispiel: ‚Wenn nicht mein Gewährsmann mit deinem Willen verkauft hat'."

Hier ist zunächst ein offenkundiger Lapsus zu korrigieren. Der Verwalter erlangt das, was er an den Käufer geleistet hat, mit der Auftragsgegenklage natürlich nicht vom Verkäufer – diese Rolle hat der Verwalter selbst -, sondern vom Auftraggeber, also von dem zu Beginn erwähnten *Quis*.

II . Sachverhalt

Jemand – er wird im folgenden *Quis* genannt – hat seinem Verwalter den Auftrag zum Verkauf einer Sache erteilt. Auftragsgemäß hat der Verwalter mit einem Käufer einen Kaufvertrag abgeschlossen. Danach, aber vor der Übergabe, wird von *Quis* gesagt *prohibuit vel denuntiavit ex causa venditionis tradi rem*. Dennoch hat der Verwalter die Sache dem Käufer übergeben. Die beteiligten Personen sind also *Quis*, der Verwalter und der Käufer. *Quis* ist mit der Übernahme des Verkaufsauftrags durch den Verwalter diesem vertraglich durch Mandat verbunden. Der beauftragte Verwalter hat also bei dem mit dem Käufer geschlossenen Kaufvertrag die Rolle des Verkäufers. Kaufgegenstand ist ohne nähere Bestimmung eine *res*. Der Käufer wird vom Prätor als Besitzer dieser Sache oder als Herausgabekläger geschützt. Dies legt nahe, dass hier ein Prozess mit dem zu Beginn genannten *Quis* unterstellt wird, sei es in der Rolle des Klägers, sei es des Beklagten.

Hat der Verwalter nach dem zunächst auftragsgemäß geschlossenen Kaufvertrag gegen den Willen des *Quis* an den Käufer tradiert, dann passt die deutsch-niederländische Übersetzung von *si quis prohibuit vel denuntiavit tradi rem* durch ‚wenn jemand verhindert oder verboten hat' (‚als iemand heeft verhinderd of verboden') nicht. *Prohibere* kann zwar sowohl ‚verhindern' als auch ‚verbieten' meinen. *Quis* möchte die *traditio ex iusta causa* verhindern, hat dies aber nicht erreicht, heißt es doch sogleich danach ‚und wenn dieser (sc. der Verwalter) dennoch übergeben hat'. Ist hier also ‚verhindern' auszuschließen, bleibt für das *prohibere* nur ‚verbieten'. Deshalb sollte nicht auch noch *denuntiare* mit ‚verbieten' übersetzt werden, auch wenn man von einer nahezu synonymen Bedeutung ‚anzeigen' im prohibitiven Sinne ‚jemandem etwas verbieten' ausgeht. Doch wie der Text sollte auch die Übersetzung variieren und dem Verbieten ein Anzeigen folgen lassen.

In der Sache ist das Verbot der Übergabe gegenüber dem Verwalter oder die rechtswahrende Anzeige dieses Verbots entweder gegenüber dem Verwalter oder dem Käufer gemeint. Denn ersichtlich soll durch das *prohibere vel denuntiare* nach Abschluss des Kaufvertrags der Eigentumserwerb des Käufers verhindert werden. Das *prohibere* bringt den Sinneswandel des *Quis* zum Ausdruck und zielt auf die Beendigung des dem Verwalter erteilten Verkaufsmandats. Es begegnet im Ediktskommentar Ulpians in einem

Marcellus-Zitat, und zwar im Zusammenhang mit einem Schuldbeitreibungsmandat. Das Mandat ist mit Beendigung des Auftragswillens erloschen (*extinctum est mandatum finita voluntate*). Wenn aber der Auftraggeber nachträglich die Beitreibung verbietet und das schon eingezogene Geld in Empfang genommen hat, dann wird der Schuldner befreit (*quod si mandaveris exigendam, deinde prohibisti, exactamque recepisti, debitor liberabitur)*.

Das rechtswahrende *denuntiare* zielt auf Verhinderung des Eigentumserwerbs durch *traditio*. *Quis* hat mit dem Verkaufsauftrag zugleich als Eigentümer der Sache dem Verwalter die zur Eigentumsübertragung erforderliche Ermächtigung der Übergabe erteilt. Doch vor der Übergabe hat er sein Einverständnis widerrufen.

Der Verwalter hat das Verbot des *Quis* nicht beachtet, sondern es vorgezogen, seiner Verpflichtung als Verkäufer nachzukommen, und die Sache dem Käufer übergeben. Damit ist ein prätorischer Rechtsschutz des Käufers gegen *Quis* gerichtet, der sich im Rechtsstreit mit dem Käufer auf sein Eigentum an der Sache beruft. An dem von Papinian behandelten Fall sind also drei Personen beteiligt, zunächst *Quis*, der vermeintliche Eigentümer der Sache, sodann dessen Verwalter, der im Auftrag des *Quis* die Sache verkauft hat und schließlich der Käufer, an den der Verwalter die Sache gegen den Willen des *Quis* übergeben hat. Papinian befürwortet den prätorischen Rechtsschutz des Käufers *sive possideat sive petat rem.* In der neuen deutschen Übersetzung wird die *petat*-Variante dahingehend ergänzt, dass der Käufer die Sache „von einem Dritten" herausverlangt, während die *possideat*-Variante ohne Ergänzung bleibt. Damit wird nur für die Besitz-Variante ein Rechtsstreit mit dem auf Herausgabe klagenden *Quis* zugrunde gelegt. Die Ergänzung „von einem Dritten" macht dann Sinn, wenn eine Person außerhalb des soeben genannten Eigentümer-Besitzer-

Verhältnisses gemeint ist. Von den im Sachverhalt erwähnten drei Personen könnte dies nur der Verwalter sein. Da eine solche Problemstellung nicht gemeint sein kann, führt die Ergänzung eine bisher nicht ausdrücklich erwähnte vierte Person ein, die dem Käufer die Sache vorenthält.

Näher liegend ist jedoch, dass mit der Variante *sive possideat sive petat rem* nur klargestellt werden soll, dass dem Käufer Rechtsschutz nicht nur als Beklagtem zu gewähren ist, sondern auch dann, wenn er in der Rolle des Klägers ist. Prozessgegner ist demnach der *Quis* nicht nur im Passivprozess des Käufers, sondern auch im Aktivprozess. Allerdings bedarf es auch unter dieser Voraussetzung einer Sachverhaltsergänzung, die für eine Herausgabe des Käufers unerlässlich ist, dass nämlich der Besitz der Sache, nachdem er dem Käufer vom Verwalter übertragen war, an den Beklagten gelangt ist. Das kann nur der Kläger der ersten Variante sein, also *Quis*.

III. Der prätorische Rechtsschutz des Käufers

Der prätorische Rechtsschutz des Käufers wird gegen *Quis* als zivilrechtlichen Eigentümer gewährt.

1. Dies folgt für die *possideat*-Variante aus dem letzten Satz der Stelle. Wenn *Quis* gegen den besitzenden Käufer mit der *rei vindicatio* vorgeht, so kann sich dieser auf den Verkäufer als seinen Gewährsmann (*auctor)* berufen und exzeptionsweise geltend machen, dass der *auctor* die Sache mit Willen des *Quis* verkauft hat. Der mögliche Wortlaut der *exceptio* wird prozessformeltechnisch präzise als negative Kondemnationsbedingung formuliert: ‚*si non auctor meus ex voluntate tua vendidit*'.

Auffällig ist, dass diese nähere Ausgestaltung des prätorischen Rechtsschutzes nicht sogleich im Anschluss an die Hauptaussage der Stelle ‚*emptorem tuebitur praetor*' erwähnt wird, sondern erst nach einem Hinweis auf die *actiones* der Beteiligten für den Fall, dass der von *Quis* auf Herausgabe verklagte Käufer aus Unkenntnis es versäumt hat, die ihm zustehende *exceptio* beim Prätor zu beantragen. Dies hat zu einer textkritischen Vermutung geführt, dieser Teil der Stelle gehöre nicht mehr zum Papinian-Zitat, sondern stamme von Ulpian selbst. Demgegenüber habe Papinian klargestellt, dass der grundsätzlich befürwortete Rechtsschutz des Käufers nicht gegen den zivilrechtlichen Eigentümer in Betracht komme. Diese Relativierung sei möglicherweise bei Papinian zu Beginn des mit *sed* eingeleiteten Satzes hervorgehoben gewesen, von den Kompilatoren aber beseitigt worden. Daher leite nunmehr der *sed*-Satz unmittelbar zu dem Satz über, dass der Verwalter mit dem *contrarium iudicium mandati* von *Quis* Erstattung dessen verlangen kann, was er an den im Herausgabeprozess unterlegenen Käufer aufgrund der *actio empti* geleistet hat. Ein derartiger Gegensatz in den Auffassungen Papinians und Ulpians ist jedoch unwahrscheinlich. Wenn Ulpian eine Fallkonstellation Papinians wiedergibt, die gerade durch das widersprüchliche Verhalten des *Quis* gekennzeichnet ist, dann beruft er sich auch für den gegen *Quis* als zivilrechtlichen Eigentümer gerichteten Satz, der Prätor werde den Käufer schützen, auf Papinian. Ein *sed* muss keinen Gegensatz einleiten. In der Sache ist die vorgeschlagene *exceptio ‚si non auctor meus ex voluntate tua vendidit*' einem Rechtsschutz gegen den zivilrechtlichen Eigentümer vergleichbar, der durch die bereits anerkannte *exceptio rei venditae et traditae* erreicht wird. Deren Fortentwicklung dürfte Gegenstand der Quaestio Papinians sein und nicht erst des Ediktskommentars Ulpians.

In diesem Kommentar heißt es an anderer Stelle, die *exceptio* könne gegen den vindizierenden Eigentümer geltend gemacht werden, der nach einem vollzogenen Verkaufsauftrag dem beauftragten Verkäufer aufträgt, nicht zu tradieren, wenn nicht der Mandant nachweislich den Auftrag erteilt hatte, nicht vor Zahlung des Kaufpreises zu tradieren:

D. 21, 3, 1, 2 Ulpianus libro septuagesimo sexto ad edictum
Si quis rem meam mandato meo vendiderit, vindicanti mihi rem venditam nocebit haec exceptio, nisi probetur me mandasse, ne traderetur, antequam pretium solvatur.

Diese Stelle findet sich im 76. Buch unter der Rubrik *de exceptione rei venditae et traditae*. In der Sache handelt es sich um eine *exceptio rei ex voluntate domini venditae et traditae*. Die Besonderheit unserer aus dem 16. Buch *De Publiciana, ad formulam,* stammende Stelle D.6,2,14 besteht darin, dass schon der auftragsgemäß abgeschlossene Kaufvertrag ausreicht, mag die Sache dann vom Verwalter auch gegen den Willen des Eigentümers tradiert worden sein. In Otto Lenels *Edictum perpetuum* sind daher beide Stellen im Zusammenhang mit der *exceptio rei venditae et traditae* zitiert.

2. Die palingenetische Einordnung von D.6,2,14 in die dem Titel D.6,2 entsprechende Rubrik *de Publiciana actione* bei Ulpian, aber vermutlich auch schon im 16. Buch der Quästionen Papinians, zeigt, dass ihr Schwerpunkt in der *petat*-Variante liegt. Jetzt geht es um den Rechtsschutz des Käufers, dem die Sache von dem zivilrechtlichen Eigentümer vorenthalten wird, mit Hilfe der *actio Publiciana*. An sich kann dieser Klage, wie es in einer *nota* des Paulus zu einer Stelle in den Quästionen Papinians heißt, die *exceptio iusti dominii* entgegengehalten werden. Demnach könnte *Quis* beim Prätor den

Antrag stellen, dass in die Prozessformel die negative Kondemnationsbedingung ‚si ea res possessoris non sit' aufgenommen wird. Doch gegen diese *exceptio* wird der Käufer eine der *exceptio* der *possideat*-Variante entsprechende Gegeneinrede (*replicatio ‚aut si auctor meus ex voluntate tua vendidit'*) erfolgreich geltend machen und auf diese Weise mit der *actio Publiciana* obsiegen. Auch gerade insoweit dürfte es sich um eine von Papinian vorgeschlagene Fortentwicklung des Käuferschutzes handeln, vielleicht gegen den von Neraz formulierten Lehrsatz: *‚actio Publiciana non ideo comparata est, ut res domino auferatur ..., sed ut is, qui bona fide emit possessionemque eius ex ea causa nactus est, potius rem habeat.* Neraz hat diesen Satz zwar im Kontext des besonderen Problems des Doppelkaufs, aber auch dort allgemein formuliert: *‚si alter ex nobis a domino emisset, is omnimodo tuendus est'.* Indessen belegt die *petat*-Variante unserer Stelle in einer besonderen Fallkonstellation eine von Neraz abweichende Auffassung Papinians und Ulpians.

Erstveröffentlichung: Emptorem tuebitur praetor – Papinian bei Ulpian: Digesten 6,2,14, in: Ex iusta causa traditum, Essays E.H. Pool, Pretoria 2005, S. 182-189

C. Gerechtigkeit auf hoher See

Fall 11: Der Seedarlehensstreit des Callimachus

I. Text und Übersetzung

D.45,1,122,1 *Scaevola 28 digestorum*

Callimachus mutuam pecuniam nauticam accepit a Sticho servo Seii in provincia Syria civitate Beryto usque Brentesium: idque creditum esse in omnes navigii dies ducentos, sub pignoribus et hypothecis mercibus a Beryto comparatis et Brentesium perferendis et quas Brentesio empturus esset et per navem Beryto invecturus: convenit inter eos, uti, cum Callimachus Brentesium pervenisset, inde intra idus Septembres, quas tunc proximae futurae essent, aliis mercibus emptis et in navem mercis ipse in Syriam per navigium proficiscatur, aut, si intra diem supra scriptam non reparasset merces nec enavigasset de ea civitate, redderet universam continuo pecuniam quasi perfecto navigio et praestaret sumptus omnes prosequentibus eam pecuniam, ut in Romam eam deportarent: eaque sic recte dari fieri fide roganti Sticho servo Lucii Titii promisit Callimachus. Et cum ante idus supra scriptas secundum conventionem mercibus in navem impositis cum Erote conservo Stichi quasi in provinciam Syriam perventurus enavigavit: quaesitum est nave submersa, cum secundum cautionem Callimachus merces debito perferendas in nave mansisset eo tempore, quo iam pecuniam Brentesio reddere Romae perferendam deberet, et nihilo minus actione ex stipulu Callimachus de pecunia domino teneatur. respondit secundum ea quae proponerentur teneri. item quaero, si Callimacho post diem supra scriptam naviganti Eros supra scriptus servus consenserit, an actionem domino suo semel adquisitam adimere putuerit. Respondit non potuisse, sed fore exceptioni locum, si servo arbitrium datum esset eam pecuniam quocumque tempore in quemvis locum reddi.

Callimachus hat von Stichus, einem Sklaven des Seius, in der Provinz Syrien in der Stadt *Berytus* (Beirut) ein Seedarlehen bis Brentesium (*Brundisium*, Brindisi) erhalten. Das Seedarlehen sollte für die gesamten zweihundert Tage der Seefahrt gewährt sein unter Verpfändung der in Beirut gekauften und nach Brindisi zu verbringenden Waren sowie der Waren, die er dafür in Brindisi einkaufen und per Schiff nach Beirut bringen sollte. Man hat untereinander vereinbart, dass *Callimachus*, wenn er nach Brindisi gelangt ist, von dort nach Kauf und Verladen der anderen Waren innerhalb der nächsten Iden des September (d.h. *spätestens am 13. September*) nach Syrien absegeln sollte oder dass er, wenn er innerhalb der oben geschriebenen Frist keine Waren wiederbeschafft haben und aus dieser Stadt nicht abgefahren sein sollte, sofort das gesamte Geld, wie wenn die Seefahrt beendet wäre, zurückgeben und den Begleitern des Geldes alle Aufwendungen erstatten müsse, damit sie es in die Stadt Rom überbringen. Und dass dies auf rechte Weise gegeben werde und geschehe, hat *Callimachus* dem *Stichus*, dem Sklaven des *Lucius Titius*, stipulationsweise versprochen. Nach Schiffsuntergang ist gefragt worden: Da *Callimachus* nach vertragsgemäßer Beladung zu der Zeit im Schiff geblieben ist, zu der er bereits das Geld nach Rom bringen sollte, nützt ihm nicht das Einverständnis des Sklaven *Eros*, dem allerdings hinsichtlich des Geldes nichts anderes erlaubt und aufgetragen war, als es in Empfang zu nehmen und nach Rom zu bringen, und haftet Callimachus nicht dennoch aus der Stipulation. Er (*Scaevola*) hat geantwortet, gemäß dem Vorgetragenen werde gehaftet. Ebenso frage ich, ob der Sklave, wenn er dem nach dem oben genannten Termin absegelnden Termin zugestimmt hat, nachträglich dem Eigentümer die schon erworbene *actio* hat entziehen können. Er hat geantwortet: Nein, das hat er nicht gekonnt. Aber es werde eine *exceptio* in Betracht kommen, dem Sklaven sei die Ermessensentscheidung überlassen worden, das Geld könne zu jeder Zeit und an jedem beliebigen Ort zurückgegeben werden.

II. Das Absegeln von Brundisium

1. Das Einladen *ante idus* und die streitige Abfahrtszeit

Wenn man die Zeitbestimmung *ante idus* auf das Prädikat *enavigavit* bezogen sieht, so wäre von einer vertragsgemäßen Abfahrt des Callimachus *ante idus* auszugehen. Doch bei einem solchen Verständnis wäre durch die Worte *mercibus in navem impositis* zusätzlich nur klargestellt, dass der Abfahrt das Beladen des Schiffes vorangegangen ist. *Ante idus* bezieht sich daher sprachlich nur auf das Einladen. Eine solche Akzentuierung des Einladens legt nahe, dass die Abfahrtszeit unter den Streitparteien umstritten war. Ähnlich verhält es sich mit der Sachverhaltsangabe *cum Erote conservo Stichi*. Mitgeteilt wird zunächst nicht, ob *Eros* zugestimmt hat. Erst in der zweiten *quaestio* wird vorausgesetzt, dass *Eros* zugestimmt hat. Das Responsum zur zweiten *quaestio* wird von dem Ermessensspielraum (*arbitrium*) des *Eros* abhängig gemacht. Eine solche Konzeption des juristischen Gutachtens zeigt, dass Scaevola zur Kompetenz des Eros keine gesicherten Angaben hatte. Der konsultierte Jurist Scaevola ergänzt daher für sein Rechtsgutachten alternativ die entscheidungserheblichen Sachverhaltsangaben. Dazu gehört auch die offenbar streitige Abfahrtszeit *intra idus Septembres*, also spätestens am 12. September. Ein solcher Streit erscheint als realistisch, wenn die Abfahrt in der Nacht vom 12. zum 13. September erfolgt ist. Denn gerade um die Mitte des September war mit einem erhöhten Schiffsuntergangsrisiko zu rechnen.

2. Das Gutachten Scaevolas

Im ersten Teil des Digestenfragments ist der Seedarlehensvertrag wiedergegeben. Scaevola teilt den Inhalt der Vertragsurkunde mit. Dem Vertragstext folgt die Stipulationsklausel: „Und dass dies auf rechte Weise gegeben werde und geschehe, hat *Callimachus* dem

Stichus, einem Sklaven des *Lucius Titius,* stipulationsweise versprochen". Der Gläubiger ist mit verschiedenen Blankettnamen bezeichnet, zunächst mit *Seius,* danach mit *Lucius Titius*. Wie der Vertragsschluss mit *Seius* in Beirut und die Abrede, das Geld solle gegebenenfalls von Brindisi nach Rom gebracht werden, zeigen, handelt es sich um einen römischen Bankier mit Filiale in Beirut. Das Darlehen ist primär für die Hin- und Rückfahrt vereinbart, soll aber für den Fall, dass die Rückfahrt nicht rechtzeitig erfolgt, nur als für die Hinfahrt vereinbart gelten. Auf der Rückfahrt ist das Schiff untergegangen. Dies ginge bei verspäteter Abfahrt zu Lasten des *Callimachus*. Hat aber der Begleitsklave *Eros* entsprechend dem ihm vom Gläubiger eingeräumten Ermessensspielraum zugestimmt, dann könnte *Callimachus* sich gegen die *actio ex stipulatu* entsprechend mit einer *exceptio pacti* verteidigen.

Erstveröffentlichungen: Études dédiées à Hans Ankum, à l'occasion de son 65e anniversaire, éd. R. Feenstra, A.S. Hartkamp, J.E. Spruit, P.J. Sijpestein, L.C. Winkel, J.C. Gieben, Editeur, Amsterdam 1995, 207-222; Das Vermächtnis der Römer, Hrsg. Iole Fargnoli/Stefan Rebenich, Das Vermächtnis der Römer, Römisches Recht und Europa, Berner Universitätsschriften 57, Haupt Verlag Bern, Stuttgart, Wien, S. 111-121

Fall 12: Piraten-Fall

D.14,2,2,3 *Paulus libro quarto ad edictum*

Si navis a piratis redempta sit, Servius, Ofilius, Labeo omnes conferre debere aiunt: quod vero praedones abstulerint, eum perdere cuius fuerint, nec conferendum ei, qui suas merces redemerit.

Wenn das Schiff von Seeräubern zurückgekauft worden ist, müssen, wie Servius, Ofilius und Labeo sagen, alle ihren Beitrag leisten; was aber die Räuber fortgeschafft haben, verliere derjenige, dem es gehört hat, und nicht ist demjenigen ein Anteil zu ersetzen, der seine Waren zurückgekauft hat.

I. Lex Rhodia de iactu D.14,2

Der Digestentitel 14,2 über das Rhodische Seewurfrecht beginnt mit einer Inhaltsbestimmung:

D.14,2,2 pr. *Paulus libro secundo sententiarum*

Lege Rhodia cavetur, ut, si levandae navis gratia lactus mercium factus est, omnium contributione sarciatur quod pro omnibus datum est.

Durch die lex Rhodia wird ausbedungen, dass, wenn zur Entlastung des Schiffes Waren über Bord geworfen worden sind, durch Beitrag aller ersetzt wird, was für alle hingegeben worden ist.

Paulus kommentiert das Rhodische Seewurfrecht als eine Einrichtung des urprünglich griechischen, nach Begründung der römischen Provinz *Asia minor* römischen Rechts. Hier wird dieses Recht als besondere Seewurf-Klausel im Rahmen der römischen *locatio conductio* in der Variante eines Seetransportvertrages behandelt.

Die besondere Einrichtung des griechisch-römischen Seerechts hat sich bis heute unter dem Namen „Grosse Haverei", *grosse* im Sinne von gemeinschaftlich (avarie commune, general average), in der Sache im Sinne einer proportionalen gemeinschaftlichen Beteilung auch derer, die nichts oder nur wenig durch Seewurf verloren haben, erhalten.

II. Proportionale Gerechtigkeit auf hoher See: Auslegung oder Analogie?

Das Grundproblem eines solchen Sonderrechts auf hoher See führt zur Frage einer Ausweitung auf ähnliche Gefahrengemeinschaften in der Luft oder an Land. Doch auch umgekehrt ist zu überprüfen, ob die das Rhodische Prinzip rechtfertigende Grundvorstellung einer Gefahrengemeinschaft auf einem antiken Seefrachter auch für das moderne Transportschiff, insbesbesondere für ein Containerschiff, aufrechterhalten werden kann. Der Piratenfall mit seiner Unterscheidung des für alle Beteiligten zur Auslösung von Schiff und Ladung gezahlten Lösegelds einerseits und des im Eigeninteresse gezahlten Betrags eines einzelnen zur Auslösung des von den Seeräubern zurückbehaltenen Gegenstands andererseits, ist zwar nach dem Grundgedanken der „grossen Haverei" unmittelbar nachvollziehbar. Aber im Privatrecht versteht sich eine Gleichsetzung von Seeraub und Seesturm, von Seewurf und Lösegeld keineswegs als Interpretation einer *lex Rhodia de iactu*, sondern eher als Analogie innerhalb des Seehandelsrechts.

Erstveröffentlichung: Nikolas Jaspert, Sebastian Kolditz (Hg.), Seeraub im Mittelmeerraum, Internationale Tagung Zentrum für Mittelmeerstudien, Ruhr-Universität Bochum, 5.-7. Mai 2011, Paderborn 2013, 307-326; Lex Rhodia de iactu: Navis quae perit (D.14.2.4.1), in: Liber amicorum, Mélanges en l'honneur de Jean-Pierre Coriat, Éditions Panthéon-Assas, sous la direction Emmanuelle Chevreau, Carla Masi Doria, Johannes Michael Rainer, Éditions Panthéon-Assas, Paris 2019, S.437-443

Exkurs: Römisches und europäisches Vertragsrecht

Fall 13: Vom römischen Weinfässer-Fall
Zur Garantiehaftung des Vermieters

1.Republikanische Texte

Ulpian und die von ihm zitierten vor- und frühklassischen Juristen äußern sich zur Sachmängel-Interessehaftung eines *locator* fall-bezogen wie folgt:

D. 19,2,19,1 *Ulpianus libro trigesimo secundo ad adictum*

Si quis dolia vitiosa ignarus locaverit, deinde vinum effluxerit, tenebitur in id quod interest nec ignorantia eius erit excusata: et ita Cassius scripsit. Aliter atque si saltum pascuum locasti, in quo herba mala nascebatur: hic enim si pecora vel demortua sunt vel etiam deteriora facta, quod interest praestabitur, si scisti, si ignorasti, pensionem non petes, et ita Servio Labeoni Sabino placuit.

Hat jemand, ohne es zu wissen, schadhafte Fässer vermietet und ist der Wein ausgelaufen, so haftet er auf das Interesse des Mieters, und auch seine Unkenntnis wird nicht entschuldigt. Und so hat Cassius geschrieben. Anders aber, wenn du eine Bergweide verpachtet hast, auf der giftige Kräuter wachsen. Wenn nämlich in diesem Fall das Vieh eingeht oder an Wert verliert, dann haftest du auf das Interesse, sofern du den Mangel kanntest; wenn nicht, kannst du keinen Pachtzins fordern. Das ist die Ansicht von Servius, Labeo und Sabinus.

Die Aussage Ulpians zur Weinfass-Miete ist auch für Pomponius belegt, der sich wiederum insoweit auf die frühklassischen Schulhäupter Labeo und Sabinus beruft:

D.19,1,6,4 *Pomponius libro nono ad Sabinum Si vas aliquod mihi vendideris et dixeris certam mensuram capere vel certum pondus habere, ex empto tecum agam, si minus praestes. Sed si vas mihi vendideris ita, ut adfirmares integrum, si id integrum non sit, etiam id, quod eo nomine perdiderim, praestabis mihi: si vero non id actum sit, ut integrum praestes, dolum malum dumtaxat praestare te debere. Labeo contra putat it illud solum observandum, ut, nisi in contrarium id actum sit, omnimodo integrum praestari debeat: et est verum. Quod et in locatis doliis praestandum Sabinum respondisse Minicius refert.*

Wenn du mir irgendein Gefäß verkaufst und erklärst, dass es ein bestimmtes Maß fasst oder ein bestimmtes Gewicht hat, kann ich aus Kauf gegen dich klagen, wenn du weniger leistest. Aber wenn du mir ein Gefäß mit der Zusicherung verkaufst, dass es unbeschädigt ist, dann musst du mir, wenn es nicht unbeschädigt ist, auch das, was ich deswegen verliere, leisten; ist es aber nicht zum Inhalt der Vereinbarung geworden, dass du mir ein unbeschädigtes Gefäß leistest, müsstest du mir nur für Arglist einstehen. Labeo ist gegenteiliger Ansicht und meint, es sei allein als Regel zu beachten, dass, wenn nichts Gegenteiliges vereinbart ist, in jedem Fall gewährleistet werden muss, dass das Gefäß unbeschädigt ist; und das ist richtig. Das sei auch bei vermieteten Weinfässern zu gewährleisten, hat, wie Minicius berichtet, Sabinus gutachtlich entschieden.

Die Pomponius-Stelle hat eine frühklassische Kontroverse zur Haftung des Verkäufers eines undichten Gefäßes zum Gegenstand. Dazu dient der mietrechtliche Weinfässer-Fall als Argument zugunsten der Auffassung Labeos.

2. Garantiehaftung

Der von den römischen Juristen für die *locatio conductio* einmütig beurteilte Weinfässer-Fall ist das Musterbeispiel einer besonders strengen Sachmängelhaftung des Vermieters im modernen Zivilrecht. Die Haftung auch des unwissenden *locator* ist unter dem Einfluss von *Robert-Joseph Pothier* im französischen Code civil zu einer verschuldensunabhängigen Garantiehaftung des Vermieters für Sachmängel verallgemeinert worden.

Art. 1721 Cc

Il est du garantie au preneur pour tous les vices ou défauts de la chose louée, qui en empechent l'usage, quand meme le bailleur ne les aurait pas connus lors du bail.

S'il résulte de ces vices ou defauts quelques perte pour le preneur, le bailleur est tenu de l'indemniser.

Dem Code civil ist das niederländische Burgerlijk Wetboek von 1838 mit einer wörtlichen Übersetzung gefolgt. Der einschlägige Artikel 1588 war bis zum 1. August 2003 in Geltung.

Art. 1588 BW

1 De verhuurder moet den huurder instaan voor alle gebreken van de verhuurde zaak, welke het gebruik daarvan verhinderen, al mogt ook de verhuurder dezelve tijdens het doen der verhuring niet gekend hebben.

2. Indien door die gebreken eenig nadeel voor den huurder ontstaat, is de verhuurder gehouden hem deswege schadeloos te stellen.

Die Garantiehaftung des Vermieters im deutschen Bürgerlichen Gesetzbuch von 1900 entspricht dem französischen und niederländischen Beispiel.

§ 538 Abs. 1 BGB 1900

1. Ist ein Mangel der im § 537 bezeichneten Art bei dem Abschlusse des Vertrags vorhanden oder entsteht ein solcher Mangel später in Folge eines Umstandes, den der Vermieter zu vertreten hat, oder kommt der Vermieter mit der Beseitigung eines Mangels in Verzug, so kann der Mieter, statt die im § 537 bestimmten Rechte (sc. Befreiung von der Entrichtung des Mietzinses oder Minderung) geltend zu machen, Schadensersatz wegen Nichterfüllung verlangen.

Die erste der drei Varianten, die Haftung für anfängliche, bereits bei Vertragsschluss vorhandene Mängel, ist anders als die zweite, auf nachträgliche Mängel bezogene Variante nicht an das Vertretenmüssen geknüpft, setzt also kein Verschulden voraus (§ 276 BGB 1900). § 538 Abs. 1, 1. Var. BGB ist wie in Art. 1721 Code civil als gesetzliche Garantiehaftung konzipiert. Dies beruht, wie es im BGB-Kommentar von *Gottlieb Planck* erläutert ist, „auf der Auffassung, dass der Vermieter nicht nur durch die Zusicherung einer Eigenschaft für deren Vorhandensein, sondern durch den Mietvertrag als solchen für die Gebrauchsfähigkeit der Sache zur Zeit des Vertragsschlusses die Garantie übernimmt".

3. Dem § 538 BGB 1900 entspricht heute § 536a BGB, allerdings in veränderter Fassung. Die neue Paragraphenziffer 536a beruht auf dem Mietrechtsreformgesetz von 2001, das indessen den § 538 Abs. 1 BGB im wesentlichen in der bis dahin geltenden, zuvor bereits veränderten Fassung übernommen hat. Doch mit dem am 1. Januar 2002 in Kraft getretenen Schuldrechtsmodernisierungsgesetz ist

„Schadensersatz wegen Nichterfüllung" durch „Schadensersatz" ersetzt worden. Seitdem lautet die Vorschrift:

§ 536 a BGB 2002

1. Ist ein Mangel im Sinne des § 536 bei Vertragsschluss vorhanden oder entsteht ein solcher Mangel später wegen eines Umstands, den der Vermieter zu vertreten hat, oder kommt der Vermieter mit der Beseitigung eines Mangels in Bezug, so kann der Mieter unbeschadet der Rechte aus § 536 Schadensersatz verlangen.

Das Schuldrechtsmodernisierungsgesetz betrifft vor allem das allgemeine Leistungsstörungsrecht und unter den einzelnen Vertragstypen vor allem den Kauf, den Werkvertrag und das Darlehen, nicht aber die kurz zuvor reformierte Miete. Im Gesetzgebungsverfahren zur Schuldrechtsmodernisierung hat der Bundesrat gebeten zu prüfen, ob das Mietrecht an die Neuregelungen des Regierungsentwurfs angepasst werden sollte, und zur Begründung ausgeführt, im Kaufrecht seien Neuregelungen vorgesehen, „deren Parallelregelungen im Mietrecht zum Teil noch anderen Prinzipien folgen, z.B. ... Garantiehaftung für anfängliche Mängel". Indessen hat die Bundesregierung dahin gehend Stellung genommen, dass sie diese besondere Haftung „im Interesse des Mieterschutzes" nach wie vor für richtig halte, dass allerdings „der bisherige ‚Schadensersatz wegen Nichterfüllung' im Sinne der neuen Terminologie als ‚Schadensersatz' zu bezeichnen" sei.

Von diesem begrifflichen Detail abgesehen, hat das Schuldrechtsmodernisierungsgesetz daher, wie es scheint, an der Garantiehaftung des Vermieters nichts geändert. Doch die neue Schadensterminologie entspricht nicht der alten. Was das Leistungsinteresse betrifft, so entspricht dem bisherigen „Schadensersatz wegen Nichterfüllung" nunmehr der Begriff „Schadensersatz statt der Leistung", und der einfache Begriff „Schadensersatz" meint soviel wie „Schadensersatz neben der Leistung". Nach allgemeinem

Leistungsstörungsrecht, auf das auch die kaufrechtliche Mängelhaftung verweist, gibt es „Schadensersatz statt der Leistung" grundsätzlich nur bei Verschulden und nach Fristsetzung. Dem gegenüber führte im bisherigen Mietrecht die Garantiehaftung für anfängliche Mängel unproblematisch zum Ersatz des Erfüllungsinteresses. Problematisch war aber eine verschuldensunabhängige Haftung des Vermieters, wenn es um das Integritätsinteresse des Mieters ging. Dass Mangelfolgeschäden des Mieters, also durch den Mangel der Mietsache verursachte Eigentums- oder Gesundheitsschäden, einbezogen sind, entspricht zwar feststehender Rechtsprechung des Reichsgerichts und des Bundesgerichtshofs, doch in dieser Hinsicht gibt es seit jeher eine auf die Fallanalyse im einzelnen gestützte wissenschaftliche Kritik. Ist aber nunmehr „Schadensersatz" und nicht mehr „Schadensersatz wegen Nichterfüllung" zu leisten, so fehlt jetzt an dieser Stelle der Ansatz für eine auf Mangelfolgeschäden bezogene einschränkende Interpretation der Garantiehaftung. Der bisher problematische Ersatz des Integritätsinteresses erscheint nach der Schuldrechtsmodernisierung als unproblematisch, während der bisher unproblematische Ersatz des Leistungsinteresses jetzt als problematisch erscheint. Indessen verdient eine wohlwollende Gesetzesinterpretation Zustimmung, dass mit „Schadensersatz" in § 536a BGB „Schadensersatz statt Leistung" gemeint ist.

Andererseits wird die seit jeher umstrittene Garantiehaftung des Vermieters für anfängliche Mängel der Mietsache heute vor allem deshalb in Frage gestellt, weil sie nicht zum Schuldrechtsmodernisierungsgesetz, insbesondere nicht zum Kaufrecht passe. Ein indirekter Eingriff des Schuldrechtsmodernisierungs-Gesetzgebers in die Grundstruktur des § 536a Abs. 1 BGB liegt in der Neufassung des die Verantwortlichkeit des Schuldners regelnden §276 Abs. 1 S. 1 BGB. Hatte der Schuldner bisher die beiden Verschuldensarten „Vorsatz und Fahrlässigkeit zu vertreten", so lautet die reformierte Fassung jetzt wie folgt:

§ 276 BGB 2002 Verantwortlichkeit des Schuldners

1 Der Schuldner hat Vorsatz und Fahrlässigkeit zu vertreten, wenn eine jetzt strengere oder mildere Haftung weder bestimmt noch aus dem sonstigen Inhalt des Schuldverhältnisses, insbesondere aus der Übernahme einer Garantie oder eines Beschäftigungsrisikos, zu entnehmen ist.

Demgegenüber unterscheidet § 536a Abs. 1 BGB 2002 die Haftung für einen nach Vertragsschluss entstehenden Mangel in Folge eines Umstandes, den der Vermieter zu vertreten hat (2. Variante), von der Haftung für einen bei Vertragsschluss vorhandenen Mangel, ohne dass es hier auf das Vertretenmüssen ankommt, also von dem Fall der verschuldensunabhängigen Garantiehaftung (1. Variante). Im Satzbau des reformierten § 276 Abs. 1 BGB erscheint allerdings gerade auch die Garantieübernahme als Beispiel eines ausnahmsweise über die Verschuldensarten hinausweisenden Vertretenmüssens. Wer sich diese Begrifflichkeit zu eigen macht, könnte jetzt in beiden Varianten des § 536a Abs. 1 BGB eine Haftung für zu vertretende Mängel erkennen. Doch in der ersten ist nach wie vor die mit dem Mietvertrag übernommene nicht auf das Vertretenmüssen abstellende Garantiehaftung gemeint und in der zweiten die Verschuldenshaftung im Sinne des Regelfalles von § 276 Abs. 1 BGB. Damit zeigt diese allgemeine Bestimmung zum Haftungsmaßstab, dass es auch bei der Vermieterhaftung vorrangig auf den Mietvertrag ankommt. Fraglich bleibt, ob der Vermieter mit der vertraglichen Gebrauchsüberlassung die Gebrauchstauglichkeit garantiert und darum für anfängliche Mängel verschuldensunabhängig haftet. Die Vielfalt der Mietverträge und der Mängelrisiken gebietet an sich eine Vertragsinterpretation im Einzelfall. Eine generelle gesetzliche Garantiehaftung „im Interesse des Mieterschutzes" beruht demgegenüber auf der Unterstellung, im Abschluss des Mietvertrages liege stets eine umfassende Garantie des Vermieters für die

Mangelfreiheit. Wenn es sich aber um ein gemeinschaftliches Mietvertragsrisiko handelt, wenn also durch Auslegung des Mietvertrags die gesetzlich unterstellte Garantie widerlegt wird, sollte den Vermieter auch für anfängliche Mängel nur die Verschuldenshaftung treffen. Mit einer solchen, bereits für das frühere Schuldrecht vertretenen restriktiven Auslegung passt die gesetzliche Garantiehaftung des Vermieters durchaus auch zum modernisierten Schuldrecht. Denn ebenso wie ein uneingeschränktes Festhalten an der Garantiehaftung beruht auch ihre generelle Ablehnung auf einer Unterstellung, dass nämlich ein Vermieter durch Abschluss eines Mietvertrags keine Garantie der Mängelfreiheit übernimmt. Der Weinfässer-Fall des römischen Juristen, der den neuzeitlichen Gesetzgeber inspiriert hat, bleibt ein unmittelbar einleuchtendes Beispiel: Wer ein Weinfass vermietet, garantiert eo ipso, dass es dicht ist. In der eingangs wiedergegebenen Ulpian-Stelle folgt allerdings sogleich der Viehweide-Fall als ein Gegenbeispiel: In einem Pachtvertrag kann nicht zugleich eine Garantie dafür gesehen werden, dass auf der Weide keine für das Vieh giftigen Kräuter wachsen. Beurteilungsmaßstab ist der auf der *bona fides* beruhende Konsens der Vertragsparteien.

Erstveröffentlichungen: Die Garantiehaftung des Vermieters für Sachmängel, Ein Beitrag zur Kasuistik, Duncker&Humblot, Schriften zum Bürgerlichen Recht, 60 Berlin 1980; Vom Weinfässer- zur gesetzlichen Garantiehaftung, IUS ROMANUM-IUS Commune-IUS HODIERNUM, Studies Eltjo Schrage on the occasion of his 65th birthday, ed, Harry Dondorp, Jan Hallebeek, Tammo Wallinga, Laurens Winkel, Scientia Verlag Amsterdam & Aalen 2010, 267-272

Fall 14: Der Ruisdael-Fall
Eichen am Wasser

I. Jacob Isaakszoon van Ruisdael und Jacob Salomonszoon van Ruysdael

Der Besucher der Staatlichen Kunsthalle Karlsruhe erfährt in der Abteilung für niederländische Malerei des 16. und 17. Jahrhunderts über einen dort ausgestellten Ruisdael, der im Katalog mit "Große Baumgruppe am Wasser" angegeben ist, auf einem kleinen Erläuterungsschild zusätzlich:

"Jacob van Ruisdael 1628/29-1682; tätig in Haarlem und Amsterdam, Eichen am Wasser, um 1665, erworben 1967 aus Toto-Lotto-Mitteln, Inv. 2665."

1. Der Ruisdael-Fall

Dieser Hinweis lässt einen Betrachter, der in die romanistisch-zivilistische Schule von Joseph Georg Wolf (Freiburg i.Br.) und Karl-Heinz Schindler (Mannheim) gegangen ist, mit besonderer Aufmerksamkeit innehalten, hat sich doch bei ihm die Ruisdael-Entscheidung des Reichsgerichts aus dem Jahre 1932 eingeprägt, der ein Gemälde "Eichen am Wasser" zugrunde liegt. Der Urteilstatbestand ist in der amtlichen Sammlung des Reichsgerichts wie folgt wiedergegeben:

"Der Kläger hat am 18. Januar 1928 von der Beklagten ein Ölgemälde 'Eichen am Wasser' gekauft, das ihm als Originalgemälde von Jakob I. (Isaakssohn) van Ruisdael bezeichnet wurde und dem ein Gutachten des verstorbenen Museumsdirektors B. beigegeben war, das so, wie es die Parteien lasen, die Herkunft des Werkes von diesem Maler bestätigte. Das Bild wurde sofort übergeben und der Kaufpreis von 15000 RM bezahlt. Der Kläger behauptet, das Werk

stamme nicht von 'dem berühmten Meister' Jakob I. van Ruisdael, sondern von seinem 'weit weniger berühmten Vetter und Nachahmer' Jakob S. (Salomonssohn) van Ruysdael. Er hat daher am 18. Oktober 1929 den Kaufvertrag wegen Irrtums anfechten lassen und verlangt mit der Klage den Kaufpreis nebst Zinsen zurück. Beide Vorinstanzen haben die Klage abgewiesen. Die Revision des Klägers wurde zurückgewiesen..."

Kläger war, wie die "Prozeß-Liste 1931" des II. Zivilsenats ausweist, der Berliner Kaufmann Ernst Rössler, Beklagte die Neue Galerie Schünemann & Lange, eine offene Handelsgesellschaft, ebenfalls mit Sitz in Berlin. Bei dem im Urteilstatbestand erwähnten Gutachter B. handelt es sich, wie der Leser aus der etwas ausführlicheren Urteilswiedergabe in der Juristischen Wochenschrift erfährt, um den Generaldirektor der Staatlichen Museen, den Kunsthistoriker und Sammler *Wilhelm von Bode* (1845-1929).

Heute wird der Sachverhalt bisweilen in einer der prozessualen Lage entkleideten Version und didaktisch aufbereitet vermittelt, etwa in der Reihe "Prüfe Dein Wissen":

"V verkauft an K ein Gemälde 'Eichen am Wasser'. Beide gehen davon aus, daß es sich um ein Werk von Jakob I. van Ruisdael handelt. In Wahrheit stammt das Gemälde von seinem weit weniger berühmten Vetter Jakob S. van Ruysdael (vgl. RGZ 135, 339)."

Mit "Wahrheit" meint der Autor die prozessuale Wahrheit, die auf der Unterstellung beruht, bei dem Bild "Eichen am Wasser" handele es sich nicht um einen Jacob Isaakszoon van Ruisdael, sondern um einen Jacob Salamonszoon van Ruysdael (1629/30-1681). Die Revision hatte gerügt, dass die Tatsacheninstanzen über die entsprechende Behauptung des Klägers keinen Beweis erhoben hatten. Doch das Reichsgericht hat darin keinen Rechtsfehler gesehen. Denn eine Anfechtung wegen Eigenschaftsirrtums komme wegen Vorrangs der Sachmängelansprüche nicht in Betracht.

Letzteren aber stand die Verjährungseinrede des beklagten Verkäufers entgegen. Unter diesen Umständen kam es aus der Sicht des Reichsgerichts auf einen Nachweis der behaupteten Herkunft des Bildes nicht an.

2. Eichen am Wasser

Die Karlsruher Museumsdirektion ist sich aufgrund der gut dokumentierten Bildgeschichte ihres Ruisdael sicher, daß es nicht das Gemälde des Ruisdael-Falles sein kann. Demnach werden unter der Bezeichnung „Eichen am Wasser" mindestens zwei Ölgemälde geführt: das Karlsruher Bild, dessen Herkunft von Jacob Isaakszoon van Ruisdael gewiß ist, und das Bild des Ruisdael-Falles, das zwar nach dem Gutachten des Museumsdirektors Wilhelm von Bode ebenfalls von Jacob Isaakszoon van Ruisdael stammt, aber nach der streitigen Behauptung des damaligen Erwerbers ein Werk des Vetters Jacob Salomonszoon van Ruysdael sein soll.

Das Motiv „Eichen am Wasser" begegnet bei den niederländischen Landschaftsmalern des 17. Jahrhunderts nicht selten. Jacob Isaakszoon van Ruisdael hat es in mehreren Varianten dargestellt. Dessen Gemälde, Zeichnungen und Stiche nennen sich etwa *Große Eiche am Flußufer, Eichen neben einem Teich, Eichen an einem See mit Wasserrosen* (*Sumpfige Waldlandschaft*), *Eichenwald am Wasser* oder *Eichen am Flußufer*. In der stolzen, majestätischen, aber auch brüchigen, mit einem verdorrten Stamm bereits zum Wasser geneigten Eiche darf man ein Symbol für Hoffahrt und Vergänglichkeit, für *vanitas* und *memento mori* sehen, wohl in Anlehnung an die an den Pharao gerichteten Jahwe-Worte, die Größe des ägyptischen Königs sei vergleichbar mit der schönen, hochgewachsenen, dann aber die anderen Bäume hochmütig unterdrückenden und daher zugrunde gegangenen Zeder des Libanon:

"So soll kein Baum, der am Wasser steht, mehr zur Höhe emporwachsen und seinen Wipfel bis in die Wolken heben und alle, die reichlich Wasser haben, sich nicht in ihrer Größe auf sich selbst verlassen! Denn alle sind dem Tod geweiht."

Ein Bild „Eichen am Wasser" würde auch zu Jacob Salomonszoon van Ruysdael passen, dem "Vetter und Nachahmer". Zudem gibt es zeitgenössische Kopien. Offen bleiben muss die Herkunft einer Kopie des Karlsruher Ruisdaels, die in dem kürzlich erschienenen von Seymour Slive erstellten Gesamtkatalog mit "unidentified artist" und "location unknown" angeführt ist. Von zweifelhafter Herkunft ist auch ein Bild „Eichen am Wasser", von dem Slive vermutet: "More closely related to a follower of Cornelis Vroom than Ruisdael".

II. Ein Jacob Salomonszoon van Ruysdael als Jacob Isaakszoon van Ruisdael

Das Reichsgericht hat mit der Ruisdael-Entscheidung seinen vom allgemeinen Sprachgebrauch abweichenden, streng subjektiven sachmängelrechtlichen Fehlerbegriff auch beim Kauf eines Bildes mit falsch zugeschriebener Urheberschaft begründet:

1. Jacob Salomonszoon: ein fehlerhafter Jacob Isaakszoon van Ruisdael

Der verkaufte Jacob Salomonszoon van Ruysdael ist danach ein fehlerhafter Jacob Isaakszoon van Ruisdael. Zugleich hat das Reichsgericht seine bereits in einem Urteil aus dem Jahre 1905 begründete These vom Vorrang des gegenüber einer Anfechtung wegen Eigenschaftsirrtums speziellen Sachmängelrechts bekräftigt. In der früheren Entscheidung, welche den Kauf eines mit Hausschwamm befallenen Hauses betrifft, ist dieser Vorrang mit dem Schutz des Rechtsverkehrs gerechtfertigt:

"Entscheidend hierfür ist, daß sonst in das Gesetz ein unerklärlicher Zwiespalt getragen würde. Denn das Gesetz hat die für die Wandelungsklage gegebenen besonderen Vorschriften so wie geschehen ausgestaltet, um dem Verkehre die notwendige Sicherheit zu geben, und um gerade Kaufgeschäfte, die im rechtsgeschäftlichen Verkehre eine Hauptrolle spielen, einer glatten Abwicklung in verhältnismäßig kurzen Fristen entgegenzuführen. ...Wollte man nun aber wegen der Nichtkenntnis des ädilizischen Fehlers neben der Wandelungsklage auch noch die Anfechtung des Vertrags aus § 119 Abs. 2 wegen Irrtums zulassen, so würden damit alle Bestimmungen illusorisch gemacht, die das Bürgerliche Gesetzbuch mit gutem Bedacht getroffen hat, um die Verkehrssicherheit zu schützen. Es käme weder in Betracht, daß dem Käufer der Fehler nicht infolge eigener grober Fahrlässigkeit unbekannt geblieben sein darf (§ 460 BGB), noch käme in Betracht, ob etwa die Sache nach Maßgabe des § 461 BGB in öffentlicher Versteigerung erstanden worden ist; vor allem aber fällt ins Gewicht, daß das Gesetz die Wandelungsklage einer kurzen Verjährung unterworfen hat (§ 477 BGB)..., während die Klage auf Rückgabe des Geleisteten aus § 119 Abs. 2 BGB, wenn nur die Anfechtung wegen Irrtums unverzüglich erfolgt ist, noch nach 29 Jahren zulässig wäre. ..."

Wie das RG nunmehr im Ruisdael-Urteil ausführt, müsse "die rechtspolitisch wünschenswerte... Beschränkung des Käufers auf die zeitlich begrenzte Gewährschaftshaftung auch für den Kunsthandel" gelten. Dass aber ein Sachmangel im Sinne eines Fehlers vorliege, ergebe sich bereits aus dem Gesetzeswortlaut, nämlich aus den Worten "oder dem nach dem Vertrage vorausgesetzten Gebrauch" des § 459 Abs.1 BGB (sc. a.F.), entspreche aber auch den Bedürfnissen des spezialisierten Verkehrs mit Sachen:

"Der 'nach dem Vertrage vorausgesetzte' Gebrauch besteht beim Erwerb von Bildern eines bestimmten Meisters darin, daß dem

Käufer die Möglichkeit verschafft wird, sich des Besitzes eines Werkes gerade dieses Meisters zu erfreuen, sich in die Malweise und sonstige Eigenart dieses Künstlers zu vertiefen und sie sich jederzeit vor Augen zu halten. Andere Vorteile, besonders solche geldlicher Art, wenn ein Künstler oder ein Werk von starkem Ruf in Frage steht, können damit Hand in Hand gehen, doch ist dies unwesentlich. Rührt dann das Werk nicht von dem Künstler her, als dessen Werk es nach beiderseitiger Anschauung gekauft ist, so liegt stets ein Fehler der Kaufsache vor. Gleichgültig ist dabei, ob es sich um eine Kopie oder eine Fälschung eines von dem Meister stammenden Bildes handelt oder um die wertvolle Schöpfung eines anderen Malers".

Wie das RG abschließend klarstellt, gilt der Ausschluss des Irrtumsrechts wegen Vorrangs des Sachmängelrechts auch dann, wenn man berücksichtigt, dass sich nicht allein der Käufer im Irrtum befand, sondern auch der Verkäufer, und zwar auch dann, wenn man den beiderseitigen Irrtum als Fehlen der Geschäftsgrundlage einordnet. Denn das Kaufrecht sei nicht nur Sonderrecht gegenüber dem allgemeinen Teil, sondern auch gegenüber dem allgemeinen Schuldrecht.

2. Fehler und aliud

Die Revision hatte allerdings geltend gemacht, es liege kein Sachmangel, sondern ein Willensmangel vor; denn dem Käufer sei "ein Anderes (ein *aliud*) 'geliefert' worden, als was er gekauft habe". Demgegenüber verweist das RG auf die bindende Feststellung der Vorinstanzen,

"es liege ein Spezieskauf vor; gekauft sei das eine, körperlich zum Kauf gestellte Bild, mit ihm sei übergeben, was gekauft sei". Die Revision sei "auch gar nicht imstande zu behaupten, dass nach einem Begriff 'niederländischer Meister Jacob I. van Ruisdael' bestellt und nun als vom Verkäufer zur Erfüllung bestimmtes Stück das Bild eines anderen Meisters Jakob S. van Ruysdael geliefert worden sei".

Die Revisionsbegründung bezieht sich auf eine Lehre von Franz Haymann. Doch der Autor hat in einer Urteilsanmerkung der Ruisdael-Entscheidung im Ergebnis zugestimmt. Bereits in einem Vortrag über „Anfechtung, Sachmängelgewähr und Vertragserfüllung beim Kauf" von 1913 hatte Haymann die These entwickelt, dem Käufer sei die Irrtumsanfechtung nach § 119 Abs. 2 BGB außerhalb des Gewährschaftsrechts zu versagen, vorausgesetzt, dass der Irrtum Eigenschaften der Kaufsache betrifft, die nicht ihre Zugehörigkeit zu der umfassenden Gattung von Gütern aufheben, der sie die gemeine Verkehrsauffassung zurechnet. Mit der Ruisdael-Entscheidung hat das Reichsgericht einen solchen objektiven Fehlerbegriff zurückgewiesen. Indessen dürfte der Klägervortrag, ihm sei ein *aliud* geliefert worden, nicht, wie das Reichsgericht unterstellt, auf einen angeblich vorliegenden Gattungskauf zielen, sondern auf das objektive Kriterium Haymanns, das die These vom Vorrang des Sachmängelrechts gegenüber der Eigenschafts-irrtumsanfechtung begrenzen soll. Haymann vermutet denn auch in seiner Anmerkung, mit dem Vorbringen der Revision

„solle betont werden, der Käufer habe beim Kauf eines Bildes einen ganz anderen Autor, nämlich Jacob I. van Ruisdael vorgestellt als den wirklichen Maler Jacob S. van Ruysdael, und so gehöre das vorgestellte Bild zu einer ganz anderen Gattung als das wirkliche."

Doch auch mit dieser Maßgabe entspricht der Klägervortrag nicht der Auffassung Haymanns, der Käufer solle wegen Eigenschaftsirrtums anfechten können, wenn etwa eine Flasche Wein als Öl verkauft wird. Ein solcher Irrtum über die Gattung ist nach Haymann im Ruisdael-Fall nicht anzunehmen, weil „auch nach der irrigen Vorstellung des Käufers... das Bild ein Kunstwerk der Malerei, sogar einer ganz bestimmten Epoche holländischer Malerei" bleibe. Andererseits hält Haymann auch den subjektiven Fehlerbegriff des Reichsgerichts für verfehlt. Ein Bild „Eichen am Wasser" von Jacob Salomonszoon van Ruysdael könne nicht deshalb als fehlerhaft angesehen werden, weil es irrig als von Jacob Isaakszoon van Ruisdael verkauft wurde. Es verhalte sich hier nicht anders als beim Kauf einer wohlklingenden Orchestergeige als Sologeige oder einer Schiffsladung untadeligen Haifischfleisches unter irriger Deutung des norwegischen Wortes Haakjöringsköd als Walfischfleisch. Haymann ergänzt diese Fälle aus der Praxis des Reichsgerichts um weitere Beispiele: Verkauf einer gesunden Hauskatze als Angorakatze, eines 1907er Wachenheimer als 1911er Niersteiner, eines echten Raffael als Guido Reni. In all diesen Fällen geht es für Haymann nicht um einen „Fehler" der Kaufsache, sondern um einen Sachmangel in der Variante des Fehlens einer zugesicherten Eigenschaft, also um einen nur bei einer entsprechenden Zusicherung relevanten Sachmangel. Im Ruisdael-Fall hatte der Verkäufer zwar eine Expertise vorgelegt, die das Gemälde als von Jacob Isaakszoon van Ruisdael stammend auswies, eine entsprechende Garantie aber nicht übernommen.

Die Kritik Haymanns an der Ruisdael-Entscheidung des Reichsgerichts gilt daher allein dem streng subjektiven Fehlerbegriff, nicht aber der sachmängelrechtlichen Spezialitäts- und Vorrangsthese als solcher. Auf diese Frage kam es aus seiner Sicht nicht an, weil er unabhängig davon einen zur Anfechtung berechtigenden Eigenschaftsirrtum für nicht gegeben hielt.

3. Identitätsirrtum und Eigenschaftsirrtum

Ob das im Urteilstatbestand erwähnte Gutachten Wilhelm von Bodes noch auffindbar ist, mag auf sich beruhen. Aber einmal angenommen, der Gutachter hätte bereits berücksichtigt, dass es unter der Bezeichnung „Eichen am Wasser" ein Gemälde sowohl von Jacob

Isaakszoon van Ruisdael als auch eines von Jacob Salomonszoon van Ruysdael bekannt war, und weiter unterstellt, dass der Käufer vorgetragen hätte, er habe geglaubt, das existierende, etwa in einem Katalog beschriebene und ihm daher bekannte Gemälde „Eichen am Wasser" von Jacob Isaaskszoon van Ruisdael zu erwerben, wenn er also den Kaufgegenstand falsch identifiziert hätte, dann hätte der Prozess einen anderen Verlauf genommen. Ein Identitätsirrtum in der Variante des error in obiecto ist anerkanntermaßen ein Inhaltsirrtum im Sinne von § 119 Abs.1, Alt. 1 BGB. Nicht aber bei einem solchen Irrtum, sondern nur im Falle eines Eigenschaftsirrtums gemäß § 119 Abs.2 BGB stellt sich das vom Reichsgericht behandelte Problem, in welchem Verhältnis dazu die Sachmängelrechte des Käufers stehen. Der Eigenschaftsirrtum gilt zwar gemäß § 119 Abs. 2 BGB als Inhaltsirrtum. Doch die sachmängelrechtliche lex specialis-These betrifft nur den durch § 119 Abs. 2 BGB erweiterten Inhaltsirrtum, den Eigenschaftsirrtum. Denn nur im Nichtvorhandensein einer Eigenschaft kann zugleich ein Mangel der Kaufsache liegen, nicht aber dann, wenn der Irrtum die Identifikation des Kaufgegenstands und damit die der Kaufentscheidung des Käufers zugrunde liegende Willensbildung betrifft.

Wandelt man also die Fehlvorstellung des Käufers im Ruisdael-Fall ab und unterstellt man, er habe bei seiner Kaufvertragserklärung „Ich kaufe dieses (hier vor mir liegende) Gemälde ‚Eichen am Wasser' von Jacob Isaakszoon van Ruisdael" geglaubt zu erklären „Ich kaufe das (existente und mir bekannte) Bild „Eichen am Wasser" von Jacob Isaakszoon van Ruisdael", dann hätte über eine solche streitige, aber prozessrelevante Behauptung Beweis erhoben werden müssen. Doch der Käufer hat das Gemälde „Eichen am Wasser" so, wie es ihm präsentiert wurde, richtig identifiziert, nur eben angenommen, es sei ein Bild von Jacob Isaakszoon van Ruisdael. Mithin befand er sich in einem Eigenschaftsirrtum.

Heinrich Titze hat den insoweit bestehenden Unterschied zwischen einem Eigenschaftsirrtum und einem Identitätsirrtum am „Pferd-Nixe-Fall" demonstriert und *de lege ferenda* empfohlen, an diesem aus seiner Sicht praxisfernen Unterschied nicht länger festzuhalten: Erhält jemand ein briefliches Kaufangebot über das Rennpferd Nixe und glaubt er aufgrund einer Verwechslung, es handele sich um die ihm bekannte Preisträgerin Nixe, befindet er sich im Inhaltsirrtum. Kennt er aber das ihm angebotene Pferd und glaubt, es habe Preise gewonnen, so liegt ein Eigenschaftsirrtum vor. Der Autor hätte auch den Ruisdael-Fall und die aufgezeigte Variante als Beispiel wählen können. Indessen bleibt, auch wenn Titzes Auffassung sich nicht durchgesetzt hat, bereits *de lege lata* fragwürdig, die Rechtsfolgen der Irrtumsvarianten grundverschieden zu bestimmen, gilt doch nach § 119 Abs. 2 BGB der Eigenschaftsirrtum als Inhaltsirrtum.

III. Die Ruisdael-Entscheidung heute

Die Ruisdael-Entscheidung verdient im Ergebnis Zustimmung. Die Begründung bedarf jedoch der Korrektur.

1. Die Spezialitäts- und Vorrangthese (Lex specialis derogat legi generali)

Der Bundesgerichtshof hat nicht nur an der sachmängelrechtlichen Vorrangthese, sondern auch am subjektiven Fehlerberiff des Reichsgerichts festgehalten, und zwar gerade auch in vergleichbaren Kunstwerkfällen bei Abweichung von der vertraglich vorausgesetzten Urheberschaft. In der Literatur wird diese Rechtsprechung überwiegend gebilligt. Werner Flume hat seine Lehre vom geschäftlichen Eigenschaftsirrtum auch mit dem Ruisdael-Fall veranschaulicht, gegen die Argumentation des Reichsgerichts allerdings zu bedenken gegeben, dass bei der Bestimmung des 'nach dem Vertrag vorausgesetzten' Gebrauchs eines Gemäldes nicht so sehr auf die Möglichkeit, sich des Werkes eines bestimmten Meisters zu erfreuen, abzustellen sei wie auf die vereinbarte Beschaffenheit.

Dem entspricht nunmehr die Definition des § 434 Abs. 1 S. 1 BGB in der Fassung des Schuldrechtsmodernisierungsgesetzes von 2002: "Die Sache ist frei von Sachmängeln, wenn sie bei Gefahrübergang die vereinbarte Beschaffenheit hat." Zu beachten sind jetzt die neuen Fristen, die zweijährige Verjährungsfrist für Sachmängelansprüche einerseits (§ 438 Abs. 1 Ziff. 3 BGB) und die zehnjährige Ausschlussfrist für die Irrtumsanfechtung andererseits (§ 121 Abs. 2 BGB). Ferner ist zu berücksichtigen, dass das Fehlen der Geschäftsgrundlage in § 313 Abs. 2 BGB geregelt ist. Was indessen das Verhältnis von Irrtums- oder Geschäftsgrundlagerecht zum Sachmängelrecht betrifft, so beurteilt die dominierende Literatur auch nach der Schuldrechtsreform die höchstrichterlichen Grundaussagen unverändert, wie ja auch schon die Schuldrechtskommission von 1992 der Meinung war, das Spezialitätsverhältnis ändere sich durch die vorgeschlagene Neuregelung nicht. Zusätzlich wird jetzt zugunsten des Spezialitätsdogmas geltend gemacht, dass der neue Nacherfüllungsanspruch (§ 439 BGB) nicht durch eine Anfechtung wegen Eigenschaftsirrtums unterlaufen werden dürfe. So bleibt von diesem Standpunkt aus nach wie vor allein die Frage offen, ob der Vorrang des Sachmängelrechts erst mit Gefahrübergang oder schon vorher gilt.

Das neue Gewährleistungsrecht ist nicht als kaufrechtliches Sonderrecht konzipiert, sondern in das allgemeine Leistungsstörungsrecht eingebunden. Deshalb gibt es jetzt auch Stimmen, die im Lichte der Schuldrechtsreform die Spezialitäts- und Vorrangsthese nicht mehr aufrechterhalten, sondern ein Wahlrecht des Käufers für angemessen halten, entweder sich auf den Sachmangel oder auf den Eigenschaftsirrtum zu berufen. Für einen weitergehenden, nämlich den mit dem Ausschluss der Irrtumsanfechtung verbundenen Schutz des Verkäufers gebe die neue Verjährungsregel keinen begründeten Anlass.

2. Elektive Normenkonkurrenz

Doch unabhängig von der Reformdiskussion sind vor allem neuere rechtsvergleichende Untersuchungen zu anderen Schlussfolgerungen gelangt als die in Deutschland herrschende Rechtsprechung und Lehre. In einigen dieser Arbeiten wird die Ruisdael-Entscheidung zwar im Ergebnis gebilligt. Aber die Grundsatzthese, das Sachmängelrecht schließe als Sonderrecht die Anfechtung wegen Eigenschaftsirrtums aus, stößt auf Widerspruch. Die Gegenthese lautet: Das Sachmängelrecht ist nicht lex specialis gegenüber dem Irrtumsrecht, sondern steht mit ihm im Verhältnis der Alternativität, in „elektiver Normenkonkurrenz". Zwar wird auch die Spezialitätsthese in der Literatur unter dem Stichwort „Konkurrenzen" vertreten. Doch die These von der elektiven Normenkonkurrenz verneint einen systematischen Vorrang des Gewährleistungsrechts gegenüber einer Anfechtung wegen Eigenschaftsirrtums. Sie geht vielmehr von einer grundsätzlich gleichrangigen Geltung der konkurrierenden Normen aus. Das Konkurrenzproblem wird nicht durch Anwendung der Regel *lex specialis derogat legi generali* gelöst, also nicht auf der Gesetzesebene, sondern im Rahmen der konkurrierenden Ansprüche.

Dem entspricht die höchstrichterliche Rechtsprechung in Österreich und in der Schweiz, auch in Frankreich und Italien. In der Literatur wird deshalb der Ruisdael-Fall exemplarisch für die in Deutschland herrschende Lehre herangezogen, bisweilen auch zur Unterstützung der im eigenen Land vertretenen Mindermeinung. Das schweizerische Bundesgericht hat seine insbesondere im Fall eines fälschlich als van Gogh-Selbstportrait verkauften Gemäldes 1956 dargelegte Auffassung im Picasso-Urteil von 1988 bekräftigt und dem Käufer einer angeblich von Picasso stammenden, aber gefälschten Zeichnung auch nach verspäteter Geltendmachung der Gewährleistungsanprüche die Berufung auf einen Grundlagenirrtum gemäß Art. 24 I Ziff. 4 OR zugebilligt. Ähnlich hat die Cour de Cassation im Jahre 1995 zugunsten des Käufers eines als von Auguste Herbin (1882-1960) stammenden Gemäldes entschieden, das, wie sich später herausstellte, mit einer gefälschten Signatur versehen war. Die Nichtigkeitsklage (action en nullité) des Käufers wegen Substanzirrtums gemäß Art. 1110 C.c. (erreur sur la substance même de la chose), unter den anerkanntermaßen auch der Irrtum über die wesentlichen Eigenschaften der Sache (erreur sur les qualités substantielles de la chose) gehört, hatte Erfolg, ohne dass das ebenfalls durchaus einschlägige Sachmängelrecht als entgegenstehend angesehen wurde. Diese der in Deutschland herrschenden Spezialitätsthese widerstreitende Position ist von der Lando-Kommission in die *Principles of European Contract Law* aufgenommen worden. Das 4. Kapitel (*Validity*), das auch Regeln über die Irrtumsanfechtung vorsieht, endet mit folgendem

Art. 4: 119: Remedies for Non-performance

A party which is entitled to a remedy under this Chapter in circonstances which afford that party a remedy for non-performance may pursue either remedy.

Demgegenüber entspricht der deutschen Spezialitätsdoktrin ein Artikel der *Principles of International Commercial Contracts* (UNIDROIT-Prinzipien):

Art. 3.7 (*Rechtsbehelfe bei Nichterfüllung*)

Eine Partei ist zur Anfechtung wegen Irrtums nicht berechtigt, wenn die Umstände, auf die sich eine Partei beruft, einen Rechtsbehelf wegen Nichterfüllung gewähren oder gewährt haben würden.

Das Wiener UN-Kaufrecht und der Vorentwurf eines Europäischen Vertragsgesetzbuchs der Akademie Europäischer Privatrechtswissenschaftler in Pavia sehen derartige Regeln nicht vor.

3. Ruisdael umgekehrt: Der Duveneck-Leibl-Fall

Der Bundesgerichtshof hat in einem Urteil von 1988 die vom Reichsgericht übernommene Rechtsprechung auch in einem Fall mit umgekehrter Interessenlage bekräftigt, dem Duveneck-Leibl-Fall. Es ging um ein Ölgemälde „Bildnis eines jungen Mannes", das einem Gutachten entsprechend als ein Bild von Franz Duveneck (1848-1919), einem amerikanischen Maler aus dem Umkreis von Wilhelm Leibl (1844-1900), verkauft worden ist. Gut ein Jahr später entdeckte der Verkäufer das Bild auf einer Ausstellung wieder, wo als Urheber Wilhelm Leibl selbst angegeben war. Daraufhin hat der Verkäufer den Kaufvertrag wegen Eigenschaftsirrtums angefochten und auf Herausgabe des Bildes geklagt. Die Klage hatte Erfolg. Die Begründung entspricht im Ansatz der Ruisdael-Entscheidung, gelangt dann aber – im scheinbar folgerichtigen Gegenschluss – zur erfolgreichen Irrtumsanfechtung des Verkäufers:

„Zwar schließen ... die kaufrechtlichen Gewährleistungsvorschriften die Anfechtung des *Käufers* wegen eines Irrtums über solche Eigenschaften der Kaufsache aus, die Gewährleistungsansprüche begründen können. ... Dagegen kann von einer ‚Konkurrenz' zwischen Sachmängelansprüchen und einem Anfechtungsrecht des *Verkäufers* gem. § 119 II BGB keine Rede sein, weil dem Verkäufer Gewährleistungsrechte nie zustehen."

Der BGH hält zwar grundsätzlich eine Einschränkung der Irrtumsanfechtung wegen Rechtsmissbrauchs für möglich, dann nämlich, wenn sich der Verkäufer auf diese Weise seiner gesetzlichen

Gewährleistungspflicht entziehen wollte. Ein solcher Fall lag aber nicht vor.

Dennoch erhellt aus der Umkehrung der Spezialitäts- und Vorrangthese im Duveneck-Leibl-Fall, dass die These selbst bereits vor der Schuldrechtsreform unhaltbar war. Denn sie führt zu dem ungerechten Ergebnis, dass bei gleichem Irrtum über den Urheber eines Kunstwerks der Käufer nach Ablauf der Gewährleistungsfrist endgültig an den Vertrag gebunden ist, der Verkäufer hingegen erst mit Ablauf der irrtumsrechtlichen Anfechtungsausschlussfrist. Die Gesetzesmaterialien zu § 119 Abs. 2 BGB belegen einen Ausschluss dieser Bestimmung durch vorrangiges Sachmängelrecht nicht. Die Vorstellung, die allgemeine, für beide Vertragsparteien konzipierte Bestimmung über den Eigenschaftsirrtum sei für den Käufer nicht anwendbar, weil für ihn das spezielle Sachmängelrecht vorgesehen sei, führt systematisch in die Irre. Vielmehr lässt sich gerade umgekehrt das Irrtumsrecht auch im Falle des Eigenschaftsirrtums am besten am Beispiel des Kaufvertrags konkretisieren. Das auf den ersten Blick zugkräftige teleologische Verkehrsschutzargument, die Vorgaben des Sachmängelrechts dürften nicht mit Hilfe daneben anwendbaren Irrtumsrechts unterlaufen werden, überzeugt zwar als solches, nicht aber, wenn es einseitig gegen ein Anfechtungsrecht des Käufers ins Feld geführt wird.

4. Das Risiko des Irrenden

Auch wenn das Sachmängelrecht kein Sonderrecht gegenüber dem Irrtumsrecht ist, so folgt daraus nicht, dass die Ruisdael-Entscheidung im Ergebnis verfehlt wäre. Es handelt sich vielmehr um ein Problem der vertraglichen Risikoverteilung im Falle beiderseitigen Irrtums, wie dies im neuen § 313 BGB unter der Rubrik „Störung der Geschäftsgrundlage" hervorgehoben ist. Der Ausschluss der Anfechtung wegen Eigenschaftsirrtums, zumal nach Ablauf der sachmängelrechtlichen Verjährungsfrist, entspricht dem vom Käufer im konkreten Fall zu tragenden Vertragsrisiko. Wer beim Stand der oben skizzierten Ruisdael-Forschung ein Bild „Eichen am Wasser" als ein Bild von Jacob Isaakszoon van Ruisdael kauft und sich für die Urheberschaft auf eine vom Verkäufer vorgelegte Expertise verlässt, geht, auch wenn sie von dem hervorragenden Ruisdael-Experten Wilhelm von Bode stammt, das Risiko ein, dass der kunsthistorische Erkenntnisstand der Ruisdael-Forschung fortschreitet, wie ja auch das den Klägervortrag stützende neue Gutachten nur unter einem solchen Vorbehalt des wissenschaftlichen Erkenntnisfortschritts stehen kann. Deshalb sollte der Käufer, wenn sich dieses Vertragsrisiko verwirklicht, über die sachmängelrechtlichen Rechtsbehelfe hinaus nicht auch wegen Eigenschaftsirrtums anfechten können. Nicht also der Vorrang des Sachmängelrechts gegenüber der Irrtumsanfechtung, sondern eine kaufvertragsgerechte Einschränkung der Irrtumsanfechtung selbst trägt die Ruisdael-Entscheidung des Reichsgerichts.

Das Duveneck-Leibl-Urteil des BGH ist daher keinesfalls deshalb gerechtfertigt, weil hier der Irrtumsanfechtung kein vorrangiges Sachmängelrecht entgegensteht. Vielmehr ist die Irrtumsanfechtung des Verkäufers mutatis mutandis ebenso zu beschränken wie die des Käufers. Otto Lenel hat die Anfechtung des Verkäufers wegen Eigenschaftsirrtums sogar generell in Frage gestellt, weil es sich für ihn immer nur darum handele, „dass er für die verkaufte Sache infolge des Irrtums einen geringeren Preis erhält als er sonst gefordert hätte". Für Lenel besteht kein Unterschied, „ob der Verkäufer sich über den Stoff, aus dem das Kaufobjekt gefertigt ist, über die Urheberschaft eines Gemäldes oder nur über den künstlerischen Wert beider getäuscht und infolgedessen zu wenig gefordert hat". Auch das Reichsgericht hat im Ruisdael-Urteil inzident ein praktisches Bedürfnis für eine Anfechtung des Verkäufers wegen Eigenschaftsirrtums verneint. Demgegenüber erkennt der BGH zwar nicht den Irrtum über den Wert, wohl aber einen den Irrtum über den Wert „überlagernden" Eigenschaftsirrtum des Verkäufers grundsätzlich an. Im Duveneck-Leibl-Fall überzeugt dies dann, wenn das irrtumsrechtlich relevante Risikoproblem für den Verkäufer anders zu beurteilen ist als für den Käufer im Ruisdael-Fall. Mit Flume ist deshalb der Sachverhalt wie folgt zu ergänzen: Hat das Gemälde „Bildnis eines jungen Mannes" zur Zeit des Kaufvertrags in der kunsthistorischen Literatur als ein Werk von Duveneck gegolten, dann ist dem Verkäufer die Irrtumsanfechtung nach § 119 Abs. 2 BGB zu versagen, wenn sich später herausstellt, dass es von Leibl stammt. Gleiches gilt, wenn die Urheberschaft Duvenecks fragwürdig und diejenige von Leibl als möglich anzunehmen war. Der Verkäufer kann aber dann anfechten, wenn das Bild als Duveneck-Bild verkauft war, aber nach damaligem Urteil nicht als solches anerkannt war. Solche Differenzierungen passen zum Ruisdael-Fall mit der Maßgabe, dass der Käufer in den beiden ersten Varianten auch keine Sachmängelrechte hätte, in letzterem Fall aber ebenfalls hätte anfechten können.

Vergleicht man das Ruisdael-Urteil mit der Rechtsprechung in den Nachbarländern, so führt das für die Irrtumsanfechtung hervorgehobene Kriterium des Vertragsrisikos zu einer Annäherung. Wenn das schweizerische Bundesgericht im van Gogh-Fall und im Picasso-Fall das Irrtumsrecht des Käufers bejaht, so erscheint dies deshalb als gerechtfertigt, weil es sich anders als im Ruisdael-Fall bei den verkauften Bildern um Fälschungen handelte, das Fälschungsrisiko aber nicht dem Käufer zugewiesen werden sollte. Nicht anders verhält es sich bei einer gefälschten Signatur wie im Fall der Auguste Herbin-Entscheidung der Cour de Cassation. Für das Irrtumsrecht des Verkäufers lässt sich die in Frankreich viel diskutierte Poussin-Entscheidung heranziehen. Ein bekanntes, aber lange Zeit verschollenes Gemälde von Nicolas Poussin (1594-1665) wurde im Wege öffentlicher Versteigerung aufgrund eines falschen Gutachtens als aus der Schule der zeitgenössischen Malerfamilie Carracci stammend verkauft. Unter den gegebenen Umständen war dieses Risiko nicht vom Verkäufer zu tragen, ihm die Berufung auf einen Irrtum *sur les qualités substantielles de la chose* daher nicht zu versagen.

Die Vorschriften der europäischen Zivilgesetzbücher über den Eigenschaftsirrtum beruhen auf den Quellen des römischen Rechts zum *error in substantia* in ihrer neuzeitlichen Interpretation. Wie die römischen Juristen das Problem *aliud pro alio venisse videtur* behandelt haben, kann nur durch die Exegese der von ihnen diskutierten Einzelbeispiele aufgehellt werden. Die moderne Zivilrechtsdogmatik ist davon unabhängig. Aber ein Grundproblem wie das des Ruisdael-Urteils zeigt sich ebenfalls in der Fallanalyse.

Erstveröffentlichung: Eichen am Wasser, Der Ruisdael-Fall: RGZ 135, 339, in: JuS 2005, S. 119-128

Ein Briefwechsel zwischen

dem Autor, Christoph Krampe,

und Joseph Georg Wolf

Anlass dieses Schriftwechsels ist der Beitrag „Das Mandat des Aurelius Quietus, Celsus bei Ulpian D. 17,1,16 und die Kreditmandatdiskussion" des Autors in der Festschrift für Joseph Georg Wolf zum 70. Geburtstag, Quaestiones Iuris (siehe Fall 7, Seite 45).

7. Juni 2001

Lieber Herr Krampe,

zum wiederholten, um von vornherein genau zu sein: zum dritten Mal habe ich inzwischen 'Das Mandat des Aurelius Quietus' gelesen, und auch beim dritten Mal mit ungebrochenem Interesse, was freilich, um bei der Genauigkeit zu bleiben, zu einem Teil meinem schwächlichen Gedächtnis zugeschrieben werden muß. Immerhin erinnere ich mich dann sofort wieder und wundere mich allenthalben, warum ich das letzte Mal dieses so überzeugend fand und jenes mit Skepsis aufgenommen habe. Da der Text derselbe geblieben ist, kann die Ursache dieser Volatilität (der Börsenjargon drängt sich hier auf) nur bei mir zu suchen sein. Bevor ich mich aber auf dieses weite Feld begebe, in dem man sich nur verlieren kann, möchte ich lieber über meinen gegenwärtigen Meinungsstand berichten, ohne auf alles und jedes einzugehen, wie sich versteht, und auch nicht gerade lemmatisch, also, mit Verlaub, in ungeordneter Auswahl.

Mein Gesamteindruck ist seit der ersten Lektüre unverändert: ein ausgezeichnetes Stück Arbeit - gleichviel ob man Ihre Sicht der Dinge teilt oder sie anders sieht; eine attraktive, fast prickelnde Mischung von scharfsichtiger Beobachtung, solider Argumentation und kühnen Thesen; eine Arbeit, die den willigen Leser ganz schön in Anspruch nimmt, die sich aber auch lohnt, mit dem Finger unter der Zeile auszulöffeln, soll einem nichts entgehen

Ich beginne mit der Urkunde, die ja für Ihre Hauptthese nicht zentral ist. Eine Konjektur ist immer eine Schwachstelle, und die Ergänzung einer Urkunde mit der Behauptung, die ergänzten Worte seien bei ihrer Herstellung verlorengegangen, geradezu eine Auslobung, sie mit einer anderen Interpretation glücklich zu überwinden und aus der Welt zu schaffen. Vor einer solchen Auslobung hat man natürlich selbst sein Glück versucht und mit hundert Schlüsseln vergeblich probiert, das Paradiespförtchen zu öffnen und das Geheimnis des eigentümlichen Kautelarwerks zu lüften. Für Ihren Angang haben Sie sich besonders gerüstet und vor unseren Augen eigenhändig und höchst kunstfertig (wovon später zu sprechen sein wird) einen Schlüssel geschmiedet: ein gewiß kühnes Gebilde, dessen Bewährung der geneigte Leser zwischen Skepsis und Zuversicht erwartungsvoll entgegensieht. Wenn ich mich nicht völlig versehe, so hat er das Pförtchen nicht geöffnet. Es will mir nicht einleuchten, daß Prudens zur Beurkundung erklärt haben soll, er habe den Bankier Cinnamus <u>beauftragt</u>, "wieviel Geld auch immer <u>er</u>, Cinnamus, ... Suavis, meinem (des Prudens) Freigelassenen ... gezahlt haben wird" oder "wieviel Geld auch immer <u>Faustus</u>

... Suavis, meinem Freigelassenen ... gezahlt haben wird" oder "wieviel Geld auch immer ... ein anderer auf Geheiß des Faustus ... für Suavis, meinem Freigelassenen ... spondiert haben wird". Und daß Cinnamus aus diesem 'Auftrag' von Prudens habe Zahlung verlangen können, wenn etwa sein, des Cinnamus, Patron Faustus dem Freigelassenen des Prudens, Suavis, ein Darlehen gewährt hatte. Nach wie vor kann ich mir einen Auftrag, der dem Beauftragten nichts aufträgt, nicht vorstellen. Darüber hinaus bin ich mir nicht einmal sicher, daß dieses Textverständnis von Ihrer aus Gaius 3. 156 begründeten Hauptthese gedeckt wird. Bei den Juristen geht es um die Verbindlichkeit des Mandats *'ut Titio pecuniam faenerares'*, und der Satz, aus dem Sie Ihre These entwickeln, ist die Begründung der Entscheidung *'tenetur'* und keine Handlungsanleitung für den Kautelarexperten. Im übrigen will ich nicht aus dem Auge verlieren, daß sich unser Dissens auf die Notwendigkeit der Ergänzung *tantam pecuniam daret* beschränkt; denn daß "nach dem Willen der Bank ... eine ... Bindung gegenüber dem Mandaten gerade nicht begründet werden (soll), sondern nur die Haftung des Mandanten nach Auszahlung des Darlehens" (S. 143), ist ja gerade die Interpretation, die nach meinem Verständnis jene Ergänzung verlangt.

Gaius tastet in 3.155-156 die Grenze zwischen dem *nostra sive aliena gratia* und dem *tua gratia* erteilten Mandat ab. Dem Ausdruck *nostra gratia mandamus* entspricht, nach Gaius selbst, *ut mea negotia geras mando*, seinem *tua gratia tibi mando* demnach *ut tua negotia geras mando*; Celsus spricht in D 17.1.48.1-2 von *mando tibi, ut negotium mihi geras* und *(mando), ut tibi negotium geras*; Ulpian schließlich in D 17.1.6.4-5 von *tibi mando, quod mea (non) interest* und *tibi mando, quod tua interest*. Das Kriterium, nach dem die Grenze gezogen wurde, stand mithin nicht in Frage, kontrovers konnte nur sein, ob der erteilte Auftrag, genauer: das dem Beauftragten Aufgetragene (die Gewährung eines Darlehens; der Kauf eines Grundstücks) im Interesse des Beauftragten oder im Interesse des Auftraggebers lag (oder in beider Interesse und wie dann zu entscheiden war). Celsus belehrt uns, daß der Kreditauftrag bald im Interesse des einen, bald in dem des anderen liegen kann, und demonstriert an zwei Fällen Gesichtspunkte, die für die Entscheidung erheblich sind. Sein zweiter Fall (48.2) läßt ohne weiteres den Schluß zu, daß er, wie Gaius, ein Mandat auch dann ausschloß, *"si otiosam pecuniam domi te habentem hortatus fuerim, ut eam faenerares"*. Bei Gaius 3.156 ist das der Modellfall des *tua gratia* erteilten Auftrags. Als Grenzfall folgt das Mandat *"ut Titio pecuniam faenerares"*. Servius entschied ihn wie den Modellfall: kein Mandat; die Benennung des Darlehensempfängers rechtfertigte für ihn keine andere Entscheidung. Anders dagegen Sabinus: nach ihm haftete der Auftraggeber dem Beauftragten, *"quia non aliter Titio credidisses, quam si tibi mandatum esset"*

An Ihrer Kritik der üblichen Übersetzung dieses Satzes gibt es nichts zu rütteln. Statt "weil du dem Titius das Darlehen nicht anders gegeben habest, als wenn es dir aufgetragen worden wäre" könnte man, ein wenig 'Leser freundlicher', wohl auch der Auftrag erteilt worden wäre". Sie entnehmen dieser Begründung, daß für Sabinus "vor der Kreditgewährung ein verbindliches Mandat nicht bestand", daß mit dem Mandat "für den Beauftragten keine Verpflichtung begründet wird, das Darlehen zu gewähren"; daß vielmehr "eine Mandatsverbindlichkeit erst mit der Auszahlung der Darlehenssumme an den Dritten entsteht". Gaius wäre Sabinus in dieser Meinung gefolgt, während für Celsus und Ulpian, wie wir aus D 17.1.6.4-5 wissen, das Mandat *"ut Titio credas"* von vornherein verbindlich war. Ich bin mir nicht sicher, ob der *quia*-Satz, mit dem Gaius die Begründung des Sabinus wiedergibt, Ihre ja doch sehr einschneidende Interpretation wirklich trägt.

"Daß Gaius von vornherein nach der Haftung des Mandanten fragt" (S. 135), hat wenig Gewicht; schon in seinen beiden Modellfällen eines Auftrags *tua gratia*, von denen er vorweg sagt, das *mandatum* sei *supervacuum*, faßt die Entscheidung nur die Haftung des Mandanten in den Blick: *"non tamen habebis mecum mandati actionem"* und *"non tamen tibi mandati tenebor";* wenn der Auftraggeber dem Mandatar 'zugeredet', ihn 'ermuntert', allenfals 'aufgefordert' hat, sein Geld zinsbringend anzulegen, ist nur sie von Interesse.

Unbefriedigend ist sodann Gaius' Terminologie. 'Wenn ich dich *tua gratia* beauftrage (*mandem*), ist das *mandatum* überflüssig (unnötig, entbehrlich).' Schon hier ist die Ausdrucksweise nicht einwandfrei: wenn ich 'beauftrage', liegt ein 'Auftrag' vor; gemeint ist offenbar: wenn ich dich 'dir zuliebe beauftrage', ist ein Auftrag im Rechtssinne überflüssig, brauchen wir keinen Auftrag im Rechtssinne. Konsequent verwendet die Sachverhaltsschilderung der folgenden Modell- oder Musterfällen auch nicht mehr *mandare*, sondern spricht von *hortari* (ermuntern, zureden), das keine technische Konnotation hat. Anders dann wieder der Grenzfall, an dem sich die Geister scheiden: *"quaeratur, an mandati teneatur, qui mandavit tibi, ut Titio pecuniam faenerares"*. Nach *an mandati teneatur* muß mandavit technisch verstanden werden; wenn er aber (im technischen Sinne) 'beauftragt hat', so liegt ein rechtlich verbindlicher 'Auftrag' vor mit der Folge, daß er *actione mandati* haftet - und die Frage, ob er haftet, leer läuft. Aber so, wie er da steht, ist der Text nicht gemeint; er setzt vielmehr folgendes Verständnis voraus: der Mandant haftet mit der *actio mandati*, wenn sein Auftrag, Titius ein verzinsliches Darlehen zu gewähren, *intra mandati formam est* (um Celsus D 17.1.48.2 nachzusprechen), vulgo dicitur: wenn sein Auftrag ein wirksames *mandatum* im Rechtssinne ist. *Servius negavit*; er entschied also: *non tenetur*, kein *mandatum* im Rechtssinne. Sabinus war gegenteiliger Ansicht; er entschied also: *tenetur*. Nach allem Vorausgehenden muß seine 'gegenteilige Ansicht' dahin verstanden werden, daß der Auftrag, Titius ein verzinsliches Darlehen zu gewähren, ein wirksamer Auftrag im Rechtssinn ist. Hier nun muß ich 'springen', stellt sich nämlich die Frage: ob mit d i e s e r 'Ansicht' die Begründung *quia non aliter Titio credidisses, quam si tibi mandatum esset* vereinbar ist.

Sie sagen: nein, die Begründung bringt vielmehr zum Ausdruck, daß der Auftrag nicht von vornherein ein wirksames *mandatum* im Rechtssinne war, sondern, weil Sabinus ja auf *tenetur* entschied (übrigens ein Gedankenschritt, den Sie dem Leser vorenthalten), erst mit der Darlehensgewährung ein wirksames *mandatum* wurde. Ich glaube hingegen, daß sich die Begründung gegen Servius richtet. Gaius stellt Sabinus' Entscheidung (*tenetur*) als die der Entscheidung des Servius (*non tenetur*) 'entgegengesetzte Meinung' dar. Nach Servius war der Auftrag *"ut Titio pecuniam faenerares"* nicht anders zu beurteilen *"quam si generaliter alicui mandetur, uti pecuniam suam faeneraret"*: der Mandant haftete nicht, ein Auftrag im Rechtssinne ist nicht erteilt worden. Gegen eben diese Beurteilung polemisiert Sabinus und wendet ein: Tu aber hat Titius das Darlehen gegeben, ganz wie wenn ihm ein Auftrag im Rechtssinne erteilt worden wäre. Damit sagt er, daß Tu die Auftragserteilung 'ernst' genommen hat und 'ernst' nehmen durfte und d a r u m ein rechtlich verbindliches Mandat zustande gekommen ist, und zwar, wie sich versteht, von vornherein. Wie Ulpian in D 17.1.6.4 berichtet, hat Celsus das Mandat *"ut Titio credas"* ebenso beurteilt, und Gaius teilt uns selbst mit, daß er in der Beurteilung dieses Auftrags Sabinus folge. Seine Entscheidung hat sich offenbar allgemein durchgesetzt

Damit will ich nun aber auch schließen. 'Das Mandat des Aurelius Quietus' hat mir großen Respekt eingeflößt, die Auseinandersetzung mindestens ebensoviel Vergnügen wie Kopfzerbrechen gemacht. Und nach wie vor freue ich mich, daß diese Piece ein Beitrag zu den Quaestiones Iuris ist.

Anfang Mai war ich drei Tage in Dijon und fand die Stadt schöner und angenehmer, als ich sie in Erinnerung hatte. Auf der Place E. Zola saß man besonders reizvoll. Der 'Bistro des Halles' ist zu empfehlen; 'Thibert' und der 'Pré aux Clerc' sind gut, aber keineswegs unabdingbar. Natürlich haben wir an Sie und Ihre Frau gedacht - und sie beide grüße ich nun recht herzlich

Ihr Joseph Georg Wolf.

P.S. Soeben ist in den 'Freiburger Rechtsgeschichtlichen Abhandlungen' die Doktorarbeit von Carsten Zülch erschienen: 'Der liber singularis responsorum des Ulpius Marcellus'. Die Doktorarbeit von Frau Kathrin Fildhaut über Tryphonins Disputationen arbeite ich gerade durch; sie ist die letzte werkgeschichtliche, doch ob sie in die 'Abhandlungen' kann, ist noch nicht ausgemacht.

Christoph Krampe

D-44799 Bochum
Markstr. 262
Tel. 0234/76878

31.07.2001

Lieber Herr Wolf,

über Ihren freundlichen Brief habe ich mich sehr gefreut. Herzlichen Dank. Das wichtigste Ziel, das ich mit meinem Festschrift-Beitrag verfolgt habe, ist erreicht, nämlich Ihnen eine Freude zu bereiten. Jetzt fühle ich mich nicht nur geehrt, sondern auch erneut herausgefordert, weil Sie sich so detailliert mit meinen Überlegungen auseinandergesetzt haben.

Zunächst weise ich auf einen von Ihnen nicht eigens erwähnten Schwachpunkt in meinem Verständnis der Urkunde hin. Während Sie das Prädikat des uti-Satzes ergänzen, lasse ich das uti unübersetzt, weil es m. E. den Inhalt des Mandats gleichsam in der Funktion eines Doppelpunkts ankündigt, ähnlich wie in D.9,2,2 pr. der Inhalt des 1. Kapitels der lex Aquilia angekündigt wird: ut qui ... occiderit. Indessen fehlen mir insoweit weitere Belege.

Sie schreiben zu meinem Urkundenverständnis, Sie könnten sich „einen Auftrag, der dem Beauftragten nichts aufträgt, nicht vorstellen". Das aber ist doch stets dann der Fall, wenn gerade in der Ausführung des Auftrags das konkludente Einverständnis des Beauftragten liegt. A bittet B, er solle ihm aus Burgund 1 Karton Wein oder – urkundennäher – so viele Flaschen, wie der Kofferraum faßt, vom Weingut W mitbringen. B bringt den gewünschten Wein aus Burgund mit, ohne zuvor sein Einverständnis mit dem ihm Aufgetragenen erklärt zu haben. Hätte er dies getan, wäre er zur Ausführung verpflichtet gewesen. So aber war er zwar nicht verpflichtet, kann aber Aufwendungsersatz verlangen, also Erstattung des Kaufpreises gegen Herausgabe der Weinflaschen. In der Kontroverse über das Kreditmandat ist daher eine Position (Sabinus) gut vorstellbar, die eine Verbindlichkeit erst mit Auszahlung der Valuta an den Darlehensnehmer annimmt, auch wenn der formlose Konsens schon vorher geäußert sein sollte. Die Urkunde vermeidet m. E. den Streit über die Verbindlichkeit einer schon vor Zahlung geäußerten Kreditzusage, indem sie schon die Auftragserklärung auf das gehen läßt, was die beauftragte Bank dem Darlehensnehmer gezahlt haben wird. Eine Position, wie ich sie bei Sabinus auszumachten glaubte, ist m. E. jedenfalls gut vorstellbar. Dazu paßt, daß Celsus seine Auffassung mit „puto" wiedergibt und daß Ulpian sich insoweit auf Celsus beruft. Für Celsus glaube ich daher eine eigenständige Position zu erkennen und nicht eine der herrschenden Lehre entsprechende. Und – last not least – zu dieser Deutung paßt D.17,1,16, insbesondere das eigenartige „igitur". Indessen stimme ich zu, daß das ganze Gebäude auf dem Fundament der Kreditmandatstexte aufgebaut ist, also auch für Celsus nicht gesichert ist, wenn das Sabinus-Fundament nicht trägt.

Inzwischen sind nach meiner Rückkehr drei Bochumer Semester vergangen. Es gibt genug zu tun. Ich versuche, gelegentliche „wenn-wäre-hätte"-Gefühle den gegenwarts- und zukunftsbezogenen unterzuordnen. Über meinen „neuen" Stand in der Bochumer Fakultät kann ich trotz spürbarer Reserve nicht klagen. Sie unterstützt mein Pariser Engagement (auch für das kommende Jahr bin ich wiedergewählt worden). Auf meinen Vorschlag hat Herr Gandolfi die Ehrendoktorwürde erhalten. Prompt bin ich jetzt auch Mitglied der Paveser „Accademia dei giusprivatisti-europei" geworden. All dies wegen der Konversion!

Ihr Christoph Krampe

Romanistisches Seminar Joseph Georg Wolf

vom 2. bis 4. Oktober 2015

Freiburg, Fachschaftshaus Schauinsland

Themen der Veranstaltung:

Zachariaes kritische Ausgabe der "Peira":
Ein rechtsgeschichtlicher und textkritischer Blick
(Prof. Dott. Lorena Atzeri, Mailand)

Zur Funktion des Familienfideikomisses
(Prof. Dr. Ulrike Babusiaux, Zürich)

Si in capitolium (non) ascenderit
(Prof. Dr. Christoph Krampe, Bochum)

Kaufverträge nach jüdischem Recht
(Prof. Dr. Ulrich Manthe, Passau)

Cn. Slavius vovit aedem Concordiae … aediculam auream secit
(Prof. Dr. Joseph Georg Wolf, Freiburg, †2007)

Von links nach rechts:

Dr. Bernd Eckardt, Rechtsanwalt, Hamburg

Dr. Christian Emunds, Rechtsanwalt, Freiburg

Prof. Dr. Ulrich Manthe, Passau

Dr. Peter Kieß, Richter, Dresden

Prof. Dr. Christoph Krampe, Bochum

Prof. Dr. Ulrike Babusiaux, Zürich

Prof. Dr. Joseph Georg Wolf, Freiburg †2007

Prof. Dott. Lorena Atzeri, Mailand

Zum romanistischen Seminar gehörend, doch an diesem Termin nicht anwesend:

Prof. Dr. Robin Evans-Jones, Aberden

Prof. Dr. Iole Fargnoli, Bern

Dr. Justus Schmidt-Ott, Rechtsanwalt, Berlin

Zum Autor Christoph Krampe

* 1943   Erfurt

Studium der Rechtswissenschaften in Berlin und Freiburg i. Brsg.

Professor in Mannheim, Paris, Bochum

Zum Verlag

Der PAIS-Verlag gehört der „Sozietät zur Förderung der wissenschaftlichen Sozialpädagogik-PAIS" e.V. (gemeinnützig), gegründet 1996. Die Sozietät ist eine Vereinigung Freiburger Wissenschaftler und Praktiker. Ihr Ziel ist, die Sozialpädagogik in Wissenschaft und Praxis zu fördern u. a. durch die die Verbreitung praxisrelevanter Veröffentlichungen aus der Theorie der Elementarpädagogik, der Sozialen Arbeit und der Beratung, Begleitung und Förderung benachteiligter Menschen im In- und Ausland.

Erlöse aus den Veröffentlichungen gehen an Jugendausbildungsprojekte in Peru.

Veröffentlichungen u.a.

Reiner, Hans: Von den Werten. Oberried 2001

Reiner, Hans: Philosophieren. Eine Einführung. Oberried 2002

Reiner, Hans: Woher unsere Werte kommen. Oberried 2003

Reiner Hans: Der Sinn unseres Daseins. Oberried 2004

Reiner, Hans: Die naturgegebenen Rechte des Menschen. Oberried 2006

Reiner, Hans: Philosophische Ethik. Eine Einführung. Studienausgabe 2010

Huppertz, N. (Hg.): Zu den Sachen selbst. Phänomenologie in Pädagogik und Sozialpädagogik, Oberried 1997

Gebhard, K./ Meurer, M. (Hg.): Der Teil und das Ganze. Theorie und Praxis der partial-holistischen Forschungsposition, Oberried 2010

Huppertz, N.: Der Brief der hl. Edith Stein. Von der Phänomenologie zur Hermeneutik, Oberried 2010

Knaup, M.: Begegnung mit Edith Stein. Fragen und Antworten zu aktuellen kirchlich-gesellschaften Themen, Oberried 2011

Huppertz, N.: Eine stille Freude für St. Lioba – Edith Stein, ihr wissenschaftlicher Brief als Geschenk an das Kloster in Freiburg-Günterstal, Oberried 2017

Huppertz, M./Steiert, U. (Hg.): Partnerschaft leben. Wirsame Eine-Welt-Arbeit, Oberried 2013

****

PAIS-Verlag e. V. • Hauptstr. 49 • 79254 Oberried

Tel.: 07661/980 962 Fax: 07661/981 420

info@pais-verlag.de

www.pais-verlag.de